디자인 싱킹

정재희

; 일상에서 우리가 맞닥뜨리는 대부분의 문제는 사람과 연관돼 있다. 순수 과학 정도를 제외하고 대부분의 문제가 그렇다. 디자인 싱킹은 인간 중심 디자인의 철학 아래 만들어진 방법론이다. 인간에 대한 공감을 출발점으로 해결책을 도출한다. 따라서 최종 해결책은 탁상공론이 만들어 낸 비현실적인 것이 아니라 문제에 대한 정확한 진단을 통해 만들어진 매우 구체적이고 실질적인 해결책이다.

차례

사람을 위한 디자인

우리 모두가 디자이너다

디자인은 단순히 제품의 외형을 보기 좋게 만드는 스타일링이 아니다. 1969년 허버트 사이먼Herbert Simon은 "디자인은 현재의 상태를 더 나은 상태로 만드는 것"이라고 정의했다.[1] 디자인 패러다임의 전환이 시작된 것이다. 디자인의 역할은 스타일링에서 문제 해결로 바뀌었다. 우리는 일상에서 크고 작은 문제를 만나고 해결한다. 일종의 디자인을 하면서 살아가는 셈이다. 디자인은 직업 디자이너만의 일이 아니라, 우리 모두가 가정, 직장, 학교에서 매일 하고 있는 자연스러운 행위다. 이런 관점에서 디자이너는 고객의 문제를 비즈니스 관점에서 창의적으로 해결하는 사람이다.

디자이너는 항상 새로운 것에 대한 압박을 받는다. 디자이너에게 가장 필요한 능력은 창의성이라고 이야기한다. 그러나 본인이 창의적이라고 서슴없이 말할 수 있는 디자이너는 많지 않다. 창의성은 천재들이 타고나는 특별한 능력이라고 믿는 경우가 많다. 그러나 디자인에서 창의적인 것만이 중요할까? 우리는 어린이가 창의적이라고 이야기하지만, 어린이에게 디자인을 의뢰하지는 않는다. 제품이나 서비스의 가치는 창의적, 즉 새롭다는 것만으로는 창출되지 않는다. 제품은 새로운 동시에 유용해야 한다.

새로움은 디자인의 출발점이 아니라 도착점이다. 그래

서 디자이너는 오히려 새로운 것을 디자인해야 한다는 강박 관념에서 벗어나야 한다. 이 과정을 돕는 것이 디자인 싱킹 design thinking이다. 디자인 싱킹은 고객의 문제를 해결해 주는 유용함에서 출발하는 전략이다. 문제 해결 과정을 통해 콘셉트를 도출하고 테스트를 진행하다 보면 어느 순간 예상치 못한 최적의 디자인 결과물과 마주하게 된다. 그리고 그렇게 만들어진 최종 디자인은 새로운 것일 확률이 높다.

디자인 싱킹은 일종의 방법론이다. 수학 문제를 풀 때에도 공식이 있듯 디자인 문제를 풀 때에도 공식이 있다. 디자인 싱킹 방법론은 1990년 무렵 디자인 전문 회사 아이데오 IDEO와 스탠퍼드대학교Stanford University가 함께 만들었다. 뛰어난 디자이너들이 문제를 해결하는 방식을 연구해 이를 방법론으로 구축한 것이다.

그러나 모든 수학 문제를 동일한 공식에 대입해서 풀지 않는 것처럼 디자인 싱킹 방법론도 모든 디자인 문제에 천편일률적으로 적용되지는 않는다. 그렇다면 어떤 문제에 디자인 싱킹 방법론을 적용해야 할까? 우리는 산업 혁명 이후 꾸준히 디자인 작업을 해왔으며 디자인 싱킹 방법론이 존재하기 이전에도 디자인 문제를 해결해 왔다. 디자인 싱킹 방법론은 왜 만들어졌을까?

디자인이 해결해야 하는 문제에서 그 답을 찾을 수 있

다. 지금 우리가 직면한 문제는 과거와는 다르다. 1973년 호르스트 리텔Horst Rittel은 디자인이 해결해야 하는 문제를 '난해한 문제wicked problem'라고 명명했다.[2] 자율 주행 시대에 자동차의 실내 디자인은 어떤 모습이 되어야 할까? 치매 노인이 독립적으로 일상생활을 유지해 나갈 수 있도록 하려면 어떤 도움을 줘야 할까? 원격 의료 시대에 의사의 진료와 환자 관리는 어떤 방식으로 이루어지는 것이 효과적이고 안전할까? 모두 디자이너가 관련 분야의 전문가와 함께 힘을 모아 해결해 나가야 하는 문제들이다.

호르스트 리텔이 언급하는 난해한 문제의 열 가지 속성은 크게 네 가지로 구분할 수 있다. 첫째, 문제 자체가 불명확하다. 무엇이 문제인지 정확하게 정의하기가 어렵다는 얘기다. 당면한 문제가 다른 문제의 결과로 발생한 문제일 경우, 어디서부터 해결책을 도출해야 할지 막막해진다. 문제의 원인이 다양하면 원인을 명확하게 특정하기가 어려울 때가 많다. 최근 활발하게 연구되고 있는 도시 범죄 예방 환경 설계(Crime Prevention Through Environmental Design·CPTED)를 보자.[3] 서울시의 범죄 예방 환경 설계 가이드라인은 먼저 물리적으로 감시 기능을 강화해 은폐되는 장소를 최소화하는 것을 제안한다. 다음으로 외부인과 부적절한 사람의 출입을 통제할 것을 제안한다. 여기에 보다 근원적인 해결책으로서 지역민의 다양한 활동과 공동체 교류를 장려해 자연 감시를 늘리고 보다 안전한 환경을 조성할 것을 제안한다. 이처럼 다양한 디자인 해결책이 제안되는 것은 문제의 원인이 불분명하기 때문이다. 이러한 활동들은 모두 의도된 범죄를 상당 수준 줄일 수는 있으나, 사회의 구조적 문제로 인해 발생하는 범죄의 동기 그 자체를 억제하지는 못한다.

둘째, 문제가 독특하다. 세상이 빠르게 변하면서 과거 경험해 보지 못한 문제가 일어나고 있다. 선례가 없어 모범 답안을 찾아 적용할 수 없는 문제가 많다. 코로나 사태 이후 재택근무와 온라인 강의가 확산하고 있다. 다국적 기업의 글로벌 회의를 위해 개발된 화상 회의 서비스를 일상적으로 쓰는 시대다. 이전에는 경험해 보지 못한 새로운 세상이다. 각급 학교에서 사용할 온라인 수업 서비스도 새롭게 개발될 수 있다.

셋째, 문제가 복잡하다. 단순해 보이는 문제에도 여러 이해관계자가 얽혀 있는 경우가 많다. 서로 다른 관점, 경험, 가치를 추구하는 다양한 사람들이 함께 모여 머리를 맞대야만 현실적인 해결책을 만들 수 있다. 초연결 사회에서 문제는 더욱 복잡해질 것이다. 스마트폰을 비롯해 다양한 스마트 디바이스가 등장하고, 각각의 디바이스에 최적화된 서비스도 늘고 있다. 고객뿐 아니라 콘텐츠 제작자, 서비스 제공자, 플랫폼 제공자, 광고주 등 다양한 이해관계자를 고려해 서비스를 기획하고 디자인해야 한다.

넷째, 문제의 파급력이 크다. 문제가 복잡할수록 해결책의 파급력은 크다. 좋은 해결책은 발생할 수 있는 문제들을 예상하고 사전에 방지할 수 있지만, 나쁜 해결책은 예상치 못한 부정적인 영향을 미칠 수 있다. 가능한 한 많은 테스트를 거쳐 실행 과정에서 발생할 수 있는 리스크를 예방해야 한다. 10~20년 후면 자율 주행차가 상용화된다고 한다. 자율 주행차는 단순히 대신 운전해 주는 수단이 아니라 우리의 삶과 환경을 총체적으로 변화시키는 계기가 될 것이다. 자율 주행차가 달리는 도시의 경관은 지금과는 매우 다를 것이다. 도심의 주차장이 모두 외곽으로 옮겨 갈 수 있다. 극단적인 경우 도심의 도로는 모두 지하화되고 지상은 녹지화될 수 있다. 물론 미래의 시나리오 중 하나로 현실과는 다를 수 있다. 그러나 분명한 건 이러한 변화의 파급력이 매우 크다는 것이다. 우리의 삶과 환경을 송두리째 변화시킬 수 있기 때문에 자율 주행차와 관련된 제품, 서비스, 시스템은 다양한 가능성을 고려해 신중하게 디자인해야 한다.

디자인할 때에는 여러 가지를 고려해야 한다. 우선 사람들에게 가치desirability를 제공해 줄 수 있어야 하고, 그러한 가치를 구현해 낼 수 있는 기술적 검토feasibility가 이루어져야 하며, 마지막으로 비즈니스 측면에서 이윤을 창출viability할 수 있는 선순환 구조가 만들어져야 한다. 기존의 분석적이고 논리적인 사고보다는 통합적이고 실험적인 사고를 통해 문제를 해결하는 것이 효과적이다.

개선이 아니라 혁신이 필요할 때

디자인 싱킹은 기존 제품의 개선이 아닌 혁신에 필요하다. 로저 마틴Roger Martin은《생각이 차이를 만든다The Opposable Mind》에서 성공적인 비즈니스를 위해서는 활용exploitation과 탐색 exploration이라는 두 가지 전략이 필요하다고 했다.[4] 활용은 과거 데이터를 분석해 지식을 정교하게 다듬는 것으로 현재의 비즈니스를 최적화하는 방법이다. 이러한 전략은 리스크를 줄일 수 있지만, 보상이 적다. 장기적인 관점에서는 비즈니스가 노후화되고 자원이 고갈될 우려가 있다. 반대로 탐색은 과거의 데이터가 아니라, 직관과 독창성으로 새로운 비즈니스를 창출하는 것을 의미한다. 리스크가 높은 대신 성공하면 따르는 보상이 매우 크다. 탐색 전략은 비즈니스의 고갈을 막는 방법이라는 점에서 기업들에 꼭 필요하다.

탐색 전략을 가능하게 하는 방법론이 바로 디자인 싱킹이다. 비즈니스 관점에서는 새로운 비즈니스를 창출하고 디자인 관점에서는 혁신적인 해결책을 만드는 것이 목적이다. 주어진 디자인 과제가 기존의 제품이나 서비스의 일정 부분을 개선하는 것이라고 한다면 굳이 디자인 싱킹을 활용하지 않아도 된다. 디자인 싱킹 방법론은 상당한 시간과 비용이 걸리는 작업으로 단순히 기존 디자인을 개선하는 데에는 오히려 비효율적일 수 있다.

그렇다면 디자인 '혁신'은 무엇일까? 가장 일반적으로 알려진 디자인 혁신의 정의는 디자인 권위자 도널드 노먼 Donald Norman이 제시하는 '의미의 변화'다. 노먼은 진정한 혁신은 두 가지 방법으로 이뤄지는데, 하나는 기술 혁신이고 다른 하나가 디자인 혁신이라고 했다.[5] 기술 혁신은 흑백 TV가 컬러 TV로 진화하고, 브라운관 TV가 플랫 TV로 진화하는 종류의 혁신이다. 디자인 혁신은 제품의 의미가 달라지는 혁신이다. 스와치 시계는 시간을 확인하는 도구였던 시계가 패션 아이템으로 변화한 사례다. 소니의 워크맨 역시 특정 장소에서만 들을 수 있었던 음악을 이동하면서도 들을 수 있게 한 디자인 혁신 사례다. 워크맨 이후 개인화personalization와 이동성 mobility은 많은 디바이스의 핵심 속성이 됐다. 애플의 아이폰 역시 핸드폰의 개념을 스마트폰이라는 모바일 PC로 변화시켰다. 혁신은 기존 개념으로부터의 긍정적인 일탈을 의미한다. '이래야 한다'는 사람들의 고정 관념을 벗어나 새로운 가능성을 제시하는 것이다.

옳은 것이 아닌 최적의 것

미국의 철학자 찰스 샌더스 퍼스Charles Sanders Peirce는 귀추법 abductive의 개념을 처음으로 소개했다. 귀추법은 아리스토텔레스Aristotle가 만든 연역법deductive과 귀납법inductive과는 다른 새로운 논리적 사고 방식이다. 연역법은 검증된 명제를 기반으로 필연의 논리 원칙을 결론으로 도출하고, 귀납법은 관찰을 바탕으로 규칙성을 발견해 일반적 원리를 도출한다. 두 가지 사고방식 모두 기존의 지식을 바탕으로 논리적 추론을 한다. 이에 반해 귀추법은 제한된 데이터를 바탕으로 현상을 탐구해 새로운 개념과 이론을 만들어 낸다. 귀추법의 추론은 '옳고 그름'의 관점이 아닌 '최적'의 관점에서 설명되며, 새로운 생각을 도출하는 데 매우 유용하다.

디자인 연구자 키스 도르스트Kees Dorst는 과학에서 사용되는 연역법과 귀납법을 대상what, 작동 원리how, 결과result의 관점으로 해석한다.[6] 연역법은 대상과 작동 원리를 알 때 결과를 예측하는 논리적 방법이다. 귀납법은 대상과 결과를 알 때 작동 원리를 예측하는 논리적 방법이다. 연역법과 귀납법은 새로운 결과를 예측하고 새로운 원리를 발견하기 위한 매우 중요한 논리인 셈이다. 그러나 새로운 대상을 창조해 내는 데에는 부적합하다. 이를 대체할 수 있는 것이 바로 귀추법이다. 귀추법의 원리로 디자인 혁신을 설명해 보자. 디자인에서 결과는 사용자가 제품이나 서비스를 통해 얻고자 하는 최종적 가치를, 대상은 디자인의 결과물인 제품이나 서비스를 말한다. 귀추법의 적용 방식은 크게 두 가지로 나눌 수 있다. 먼저 결과와 작동 원리가 주어졌을 때 대상을 창조하는 방식이 있다. 현재의 조건을 받아들인 상태에서 상대적으로 개선된 제품 또는 서비스를 디자인하는 것이다. TV, 냉장고, 자전거, 호텔, 택시, 온라인 쇼핑 등 제품 또는 서비스의 카테고리가 명확하게 주어지면 이 범주 안에서 해결책을 도출하기 위해 노력한다. 그리고 최종적으로 더 아름다운 TV, 더 사용성이 좋은 냉장고, 더 가볍고 견고한 자전거, 더 고급스러운 호텔 서비스, 더 안락한 택시 서비스, 더 빠른 온라인 쇼핑 배송 서비스를 디자인 해결책으로 제안한다. 이것은 기존 제품 또는 서비스를 개선하는 보수적인 디자인이다.

다른 하나는 결과만 주어졌을 때 대상과 작동 원리를 모두 새롭게 창조하는 것이다. 완전히 새롭고 혁신적인 디자인 해결책을 도출하는 것이다. 여기서 적용되는 방법이 바로 디자인 싱킹이다. 이 경우 우리는 카테고리의 범주를 고려하지 않고 사용자가 추구하는 가치에 집중한다. 최종적으로 나오는 디자인 해결책은 기존의 카테고리와는 전혀 다른 새로운 종류가 된다. 디자이너는 콘텐츠 소비(TV), 음식 보관(냉장고), 개인 이동(자전거), 집 이외 장소에서의 수면(호텔), 목적지로의 빠른 이동(택시), 비대면 구매(온라인 쇼핑)에 있어서 사용자가 진정으로 추구하는 가치가 무엇인지를 먼저 파악한다. 그리고 그 가치를 제공하는 과정에서 생길 수 있는 문제 요소가 무엇인지를 찾아내 새로운 디자인 해결책을 제시한다. 해결책은 기존 제품 또는 서비스와는 전혀 다른 혁신적인 디자인으로 귀결된다. 디자인 싱킹은 공감하기 - 정의하기 - 아이디어 도출하기 - 프로토타입 제작하기 - 테스트하기의 다섯 가지 단계로 구성돼 있다. 지금부터 하나씩 밟아 나가 보자.

1 공감하기 ; 니즈를 찾아라

진짜로 원하는 게 뭐야

첫 단계는 공감하기다. 제품 또는 서비스를 사용할 미래의 사용자를 만나 그들의 니즈needs를 파악하는 고객 조사를 진행하는 이유다. 물론 고객 조사의 필요성에 대해서는 의견이 분분하다. 고객 조사가 도움이 되지 않는다고 주장하는 사람이 있는가 하면, 고객 조사가 반드시 필요하다고 주장하는 사람도 있다. 전자를 대표하는 사람은 자동차 회사 포드의 창립자 헨리 포드Henry Ford와 애플의 창립자 스티브 잡스Steve Jobs이고, 후자를 대표하는 사람은 디자인 싱킹 방법론을 만든 아이데오의 데이비드 켈리David Kelley와 팀 브라운Tim Brown이다. 헨리 포드는 "내가 사람들에게 무엇을 원하는지 물었다면 그들은 더 빠른 말을 원한다고 답했을 것"이라고 말했다. 스티브 잡스는 같은 맥락에서 "포커스 그룹에 따라 제품을 디자인하는 것은 매우 어렵다. 많은 경우 사람들은 그것을 보기 전까지는 그들이 무엇을 원하는지 알지 못한다"고 말했다. 혁신적인 제품과 서비스를 디자인하기 위해서 고객 조사는 정말 필요가 없을까? 정답은 그럴 수도 있고, 그렇지 않을 수도 있다는 것이다.

생일 선물을 생각해 보자. 가까운 친구를 위해 생일 선물을 살 때 우리는 굳이 친구에게 무엇을 좋아하는지 물어보지 않는다. 평소 우리는 친구의 취향과 관심사를 알고 있고, 최근 신상에 변화가 생겼다면 그에 따라 무엇이 필요한지 예측할 수 있다. 무엇이 친구에게 놀라움과 감동을 줄 수 있는지도 알고 있다. 그러나 친구의 초등학생 아들의 생일 선물을 산다고 가정해 보자. 성별에 따라서는 남자아이로서의 성장 경험 자체가 없어서 무엇이 필요한지 알기 어려울 수 있다. 남자아이의 성장을 직접 겪은 경우라도 시간이 흘러 기억이 잘 나지 않을 수도 있고, 요즘 아이들의 취향을 잘 모를 수도 있다. 이럴 경우 선물을 고르기는 어렵다. 친구에게 물어보거나, 친구 아들 또래의 누군가에게 도움을 청해야만 한다. 이것이 고객 조사다.

고객이 나와 비슷한 가치, 취향, 관심을 가진 사람들이라면 따로 고객 조사를 할 필요가 없다. 평소 느끼던 불편함을 해소하고, 갖고 싶은 디자인을 하면 된다. 주로 제한된 타깃층만을 대상으로 비즈니스를 하는 라이프스타일 브랜드들이 그렇다. 애플, 발뮤다, 무인양품, 츠타야, 홀푸드 등이 이에 속한다. 직원들은 고객과 비슷한 라이프스타일의 삶을 살며, 해당 라이프스타일을 선도하는 제품과 서비스를 디자인한다.

그러나 대다수의 기업은 다양한 고객층을 타깃으로 한다. 자신과 비슷한 고객 그룹이 있기도 하지만 자신과 전혀 다른 고객 그룹도 존재한다. 연령대가 다를 수도 있고, 생활 수준이 다를 수도 있으며, 추구하는 라이프스타일이 다를 수도 있다. 이런 경우 고객 조사 없이 제품과 서비스를 디자인하는 것은 불가능하다. 이때 필요한 것이 공감이다. 잘 알지 못하는 고객을 만나 그들과의 공감을 형성해야 한다. 그러나 헨리 포드와 스티브 잡스가 한 말에도 진리는 포함돼 있다. 바로 고객에게 해결책이 무엇인지 직접 물으면 안 된다는 것이다. 고객은 자신의 문제는 알지만 해결책은 알지 못한다. 안다고 해도, 평범한 수준의 해결책일 확률이 높다. 해결책을 찾아야 하는 것은 디자이너다. 그것이 바로 디자이너의 일이자 디자이너의 가치다.

　　공감의 필요성을 잘 보여 주는 유명한 사례가 있다. 미국의 사회적 기업 임브레이스 이노베이션Embrace Innovations의 CEO인 제인 첸Jane Chen이 디자인한 신생아용 보온 장치다.[7] 스탠퍼드대학원을 다니던 2007년, 그는 매년 400만 명의 신생아가 저체온증으로 생후 1개월 안에 사망한다는 사실을 알게 됐다. 그는 처음에는 부품을 줄이고 단순한 재료를 써서 저렴한 인큐베이터를 만들어야겠다고 생각했다. 그러나 고객 조사를 위해 네팔을 방문한 후, 그 생각이 얼마나 잘못됐는지를 깨닫게 됐다. 저체온증으로 태어나 죽어 가는 아이들은 대부분 병원에 갈 수 없는 가난한 시골 가정에서 태어난 아이들이었다. 도시 병원에 있는 2만 달러 상당의 인큐베이터는 아무런 쓸모가 없었다. 전기 공급이 원활하지 않아 사용하기도 어려웠다. 오랜 시간 산모와 아이들을 관찰한 그는 가난한 시

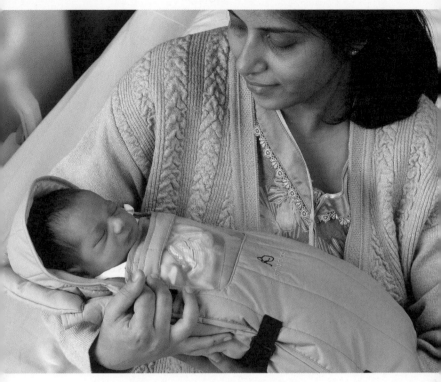

제인 첸이 디자인한 신생아용 보온 장치 ©Embrace Innovations

골 가정에서도 손쉽게 사용할 수 있는 체온 유지 장치를 만들
기로 했다. 그렇게 완성된 제품이 바로 휴대할 수 있고, 전기
없이도 사용할 수 있는 임브레이스 인펀트 워머embrace infant
warmer다. 따뜻한 물에 데우기만 하면 4시간 동안 37도를 유지

할 수 있는 25달러짜리 워머가 탄생한 것이다.

대학원을 졸업한 2008년, 그는 사회적 기업인 임브레이스 이노베이션을 설립했고 본격적으로 사회사업을 시작했다. 네팔을 방문해 실제로 산모와 아이들을 만나지 않았다면, 그들의 필요와 여건에 깊이 공감하지 않았다면, 과연 임브레이스 인펀트 워머는 탄생할 수 있었을까? 또 하나의 인큐베이터가 시장에 나왔을 수 있었겠지만, 수백만 명의 아이들을 살리고 있는 워머는 빛을 보지 못했을 것이다. 이것이 바로 공감의 힘이다.

최근 펫 드라이 룸 프로젝트를 진행한 적이 있다. 펫 드라이 룸은 집에서 반려견을 씻긴 후에 털을 말리는 용도로 사용되는, 개집 모양의 기기다. 반려견을 키우지 않아서 직접 사용한 경험이 없었다. 수소문해서 펫 드라이 룸을 쓰고 있는 사람들을 만났다. 그들은 저마다 다양한 이유로 펫 드라이 룸을 쓰고 있었다. 나이가 든 반려견의 경우 외부에서 씻기면 예기치 못한 사고가 일어날까 봐 집에서 직접 목욕을 시켜야 했다. 반려견이 여럿이면 비용이 부담스러워서 집에서 목욕을 시키기도 했다. 몇몇 견주를 대상으로 인터뷰를 진행했지만, 펫 드라이 룸에 들어가 털을 말리는 반려견을 직접 인터뷰할 수 없는 게 문제였다. 그래서 털을 전문적으로 관리하는 미용사, 반려견의 건강과 심리를 잘 아는 수의사로 인터뷰 대상을 확대

했다. 인터뷰를 통해 반려견의 종에 따라 털의 특성이 다르며 말리는 방법도 다르다는 것을 알게 됐다. 드라이 룸과 같은 밀폐된 장소에서 반려견이 느끼는 심리적 불안도 알 수 있었다. 또 밀폐된 공간에서 주인과 함께 있다고 느낄 수 있는 환경을 조성해 주는 것이 가장 필요하다는 것을 깨달았다. 비록 반려견의 이야기를 듣고 직접 공감한 건 아니었지만, 고객과 전문가 인터뷰를 통해 문제를 더욱 깊이 이해할 수 있었다. 공감을 통해 디자이너는 단순히 제품의 외형을 디자인하는 것을 넘어 제품의 기능을 새롭게 정의할 수 있게 된다.

니즈에도 깊이가 있다

고객 조사를 하는 이유는 고객의 니즈를 파악하기 위해서다. 인간의 니즈는 종류와 깊이의 관점에서 살펴볼 수 있다. 종류의 관점에서 니즈를 살펴보기 위해서는 에이브러햄 매슬로 Abraham Maslow의 인간 욕구 5단계 이론과 로트만 스쿨Rotman School의 SPICE 니즈 프레임워크를 활용할 수 있다. 에이브러햄 매슬로는 인간 욕구를 생리적 욕구, 안전의 욕구, 사회적 욕구, 존경의 욕구, 자아실현의 욕구 다섯 단계로 구분하고 하위 욕구가 충족되면 상위 욕구를 추구한다고 했다.[8] 이 이론은 인간의 보편적 욕구에 대한 것으로 매우 광범위한 영역을 다루고 있다.

로트만 스쿨은 디자인 싱킹의 관점에서 SPICE 니즈 프레임워크를 개발했다.[9] 제품 또는 서비스를 사용하는 과정에서 발생할 수 있는 다양한 니즈를 정리한 것이다. 사회적social 니즈는 다른 사람과의 관계에서 무엇을 필요로 하는가에 관한 것이다. 물리적physical 니즈는 물리적, 기능적 수준에서 무엇을 필요로 하는가에 관한 것이다. 정체성identity 니즈는 자존감을 높이거나 정체성을 강화하기 위해 무엇을 필요로 하는가에 관한 것이다. 커뮤니케이션communication 니즈는 어떤 종류의 정보를 언제 필요로 하며 어떻게 그 정보를 받고 싶어 하는가에 관한 것이다. 감성적emotional 니즈는 심리적, 감성적으로 무엇을 필요로 하는가에 관한 것이다. 고객 조사를 할 경우 물리적, 감성적, 커뮤니케이션 니즈에만 집중하지 말고 사회적 니즈, 정체성 니즈도 함께 고려해야 한다.

니즈의 깊이는 서로 다르다. 사람들에게 필요한 것을 물으면 망설임 없이 대답하는 것이 명시적 니즈explicit needs다. 스마트폰 배터리의 수명이 길어서 자주 충전하지 않아도 되면 좋겠다는 생각, AI 스피커가 일상적인 대화를 더 정확하게 인식해 일부러 또박또박 말하지 않아도 되면 좋겠다고 하는 것이 명시적 니즈다. 이러한 명시적 니즈는 너무나 명확해서 찾기는 쉬우나, 기술적 제약으로 인해 해결하기는 쉽지 않다. 그러나 기술 개발을 통해 실제로 문제를 해결할 경우에는, 대다수 고객의 기대에 부응하는 만큼 시장에서의 성공 확률도 매우 높다. 명시적 니즈는 고객 조사를 하면 누구나 발견할 수 있는 명확한 니즈이기 때문에 모든 기업이 알면서도 해결하기 어려운 문제일 확률이 높다. 따라서 고객 조사를 제대로 진행하지 않을 경우, 명시적 니즈만을 발견하는 오류를 범하게 된다.

다음은 암묵적 니즈tacit needs다. 암묵적 니즈는 너무나 당연하다고 여겨져서 우리가 니즈라고 인식조차 하지 못하는 니즈다. 김치를 냉장고에 보관하는 것은 너무나 당연하다고 생각했기 때문에 사람들은 별도의 김치 냉장고가 필요하다고 인식하지 못했다. 그러나 김치를 보관하기에 가장 적합한 김치 냉장고가 시장에 나왔을 때 사람들은 열광했다. 이것이 바로 암묵적 니즈다. 의류 건조기도 암묵적 니즈를 충족시킨 좋은 사례다. 서울과 같은 대도시는 대기 오염이 심해 옷이 쉽게 더러워지고, 외식 문화가 발달해서 겉옷에 퀴퀴한 음식 냄새와 오염물이 묻기 쉽다. 매번 드라이클리닝을 하기에는 비용과 시간이 만만치 않은데 이러한 문제를 해결해 주는 의류 건조기가 등장했다. 고객들은 일상적인 옷의 오염을 불편하게는 느꼈지만 당연하게 받아들였다. 어쩌면 너무나 당연해서 의식조차 하지 못했을 것이다. 암묵적 니즈는 우리의 습관과 문화가 만들었을 가능성이 크다. 그 때문에 익숙하지 않은 시선으로 바라봐야만 찾아낼 수 있다.

여기서 '뷰자데vuja de'라 불리는 관점이 필요하다. 뷰자데는 미국의 코미디언 조지 칼린George Carlin이 만든 단어로 데자뷰déjà vu를 거꾸로 뒤집은 것이다.[10] 데자뷰는 우리말로 기시감이라고 하는데, 낯선 환경임에도 불구하고 마치 예전에 와본 것 같은 감각적 경험을 의미한다. 이에 반해 뷰자데는 우리말로 미시감이라고 한다. 이미 과거에 수없이 보고 경험한 것을 낯선 것처럼 마주하는 일이다. 뷰자데의 관점과 혁신의 연관성에 대해 연구한 스탠퍼드대학교의 밥 서튼Bob Sutton 교수는 이런 결론을 내렸다. 혁신가는 친근한 제품, 고객, 과정 등을 마치 처음 보는 것처럼 바라봄으로써 새로운 아이디어와 인사이트를 도출하는 사람이다.[11] 암묵적 니즈는 혁신을 가능하게 하므로 디자이너는 주변의 환경을 낯설고 예민한 시선으로 바라봐야 한다.

고객 마음속에 가장 깊숙이 자리한 니즈는 잠재적 니즈latent need다. 잠재적 니즈는 눈에 띄지 않기 때문에 알아차리는 것 자체가 어렵다. 사람 얼굴 모양의 와인 오프너로 유명한 이탈리아의 주방용품 회사 알레시Alessi가 1980년대 생산한 장난감 같은 주방용품이 사례다. 알레시를 물려받은 손자 알베르토 알레시Alberto Alessi는 회사를 리서치와 생산을 위한 연구소의 개념으로 전환하고 심리학자들과 함께 연구를 진행했다.

이탈리아의 주방용품 회사 알레시가 만든 와인 오프너 ©Alessi

그 결과 어른에게도 어린아이와 같이 장난감에 대한 애착이
남아 있다는 사실을 발견했다.[12] 그러한 발견을 토대로 마이
클 그레이브스Michael Graves, 필립 스탁Phillppe Starck, 알레산드로
멘디니Alessandro Mendini 등 세계적인 디자이너와 협업해 어른도
갖고 싶어 하는 장난감 같은 주방용품을 만들었다. 제품은 엄
청난 성공을 거두었고, 이를 통해 알레시는 세계적인 기업이

됐다. 고객 조사를 해 어른에게 장난감에 대한 애착이 있다는 것을 인지하기란 쉽지 않다. 알레시가 심리학자와 함께 장기간 연구한 끝에 인사이트를 발견한 것처럼 잠재적 니즈는 고객 조사 자체보다는 인간에 대한 깊은 이해에 의해서 발견이 가능하다.

데이터가 알려 주지 않는 것

인문학은 데이터 이면에 숨어 있는 인간 행동을 이해하고 통찰할 수 있도록 도와준다. 인문학적 소양은 고객의 니즈를 파악하는 데에 있어서 매우 중요하다. 세계적인 컨설팅 그룹 레드 어소시에이츠ReD Associates의 수장인 크리스티안 마두스베르그Christian Madsbjerg는 저서 《센스메이킹Sensemaking》에서 빅데이터가 알려 주는 정보도 중요하지만, 빅데이터가 알려 주지 않는 정보의 의미는 문학, 심리학, 사회학 등의 인문학을 통해서 알 수 있다고 주장했다.[13] 그는 같은 집단에서 느끼는 공감, 상대의 변화를 인식함으로써 이뤄지는 공감, 이론을 기반으로 하는 분석적 공감의 세 가지로 공감을 구분한다.

마두스베르그의 생각과 비슷하지만 조금 다른 관점에서 우리가 느끼는 공감을 세 가지 단계로 분류할 수 있다. 하나는 동일성에 기반한 공감이다. 이 공감은 같은 집단에서 공유된 가치관과 관행에 대해 구성원이 느끼는 공감이다. 같은 회사에 소속된 직원들, 비슷한 거주지에서 비슷한 또래의 자녀를 양육하는 부모들은 더 큰 공감대를 형성한다. 이처럼 자신과 비슷한 환경에 처한 사람들을 더 잘 이해할 수 있는 것이 동일성에 기반한 공감이다. 고객 조사에 익숙하지 않은 초보자는 사용자와의 심층 인터뷰를 통해 이처럼 동일성에 기반한 공감의 요소만을 파악하는 오류를 범한다. 자신과 비슷하거나, 충분히 예측할 수 있거나, 이미 알려진 사실만을 재점검하는 차원에서 고객 조사가 이뤄지는 것이다. 이렇게 진행한 고객 조사 결과는 조사 없이도 파악할 수 있는 상식 수준에 그친다.

다음은 차별성에 기반한 공감이다. 이질적인 집단에 속한 구성원이 하는 특정 행동의 차이점을 인지하고, 그것의 원인을 유추하는 것이다. 이러한 공감을 통해서 우리는 상대방과의 간극을 좁힐 수 있다. 예를 들면 어린이들에게는 또래 집단에서 중요시되는 문화나 관행이 있다. 이 관행을 이해할 수 있어야 어린이들과 공감대를 형성할 수 있고, 그들이 느끼는 필요와 욕구를 채워 줄 수 있다. 고객 조사의 경험이 풍부한 디자이너는 뷰자데의 관점에서 자신과 다른 사용자의 독특한 특성을 파악하고자 노력한다. 낯선 시각에서 사용자, 환경, 사물을 관찰하고, 그동안 미처 인지하지 못했던 미묘한 차이점들을 발견한다. 또한 심층 인터뷰를 통해 사용자의 라이프를 상상하고 자신과는 다른 필요와 욕구를 찾아낸다.

마지막은 보편성에 기반한 공감이다. 같음과 다름을 초월한, 인간에 대한 심오한 통찰에서 나오는 공감이다. 인문학에 대한 깊은 지식과 삶의 풍부한 경험에서 비롯되는 공감은 문화적 차이를 넘어 인간의 보편적인 욕구와 가치를 깨닫도록 돕는다. 사용자 개개인의 차별성을 인지한 디자이너는 이를 보편성의 가치로 끌어올릴 수 있어야 한다. 디자이너가 제안하는 제품이나 서비스는 한 명의 개인을 위한 것이 아니라 다수의 사용자를 위한 것이다. 따라서 차별성 속에서 공통적인 요소를 발견해, 이를 다수가 공감하고 감동할 수 있는 욕구와 가치로 전환할 수 있어야 한다.

서로 다른 깊이의 니즈는 공감 능력과 연결된다. 명시적 니즈는 동일성에 기반한 공감에 의해서 파악할 수 있다. 유사성 때문에 상대방의 필요를 명확하게 인식할 수 있다. 대부분이 어렵지 않게 발견할 수 있는 니즈다. 암묵적 니즈는 차별성에 기반한 공감을 통해서 발견할 수 있다. 상대방의 차이점을 섬세하고 예리한 눈으로 살피고 다름을 인지하면서 상대가 미처 인식하지 못한 니즈에 공감할 수 있어야 한다. 마지막으로 잠재적 니즈는 보편성에 기반한 공감을 통해서 파악이 가능하다. 인간에 대한 심오한 통찰이 있지 않고서는 잠재적 니즈를 파악할 수 없다. 서로의 다름을 넘어 모두가 공통으로 추구하는 가치를 새로운 관점에서 발견하는 것은 결코 쉬운 일이 아니다. 인문학적 소양, 명민한 감각, 뛰어난 상상력이 필요하다.

고객 조사로 잠재적 니즈를 파악할 수 있다면 좋겠지만, 어려운 일이다. 디자이너는 적어도 암묵적 니즈는 파악할 수 있어야 한다. 고객 조사를 하고도 명시적 니즈 수준의 지식만 얻는다면, 고객 조사 자체의 실효성에 의문이 생긴다. 상대방이 나와 다르다는 사실에 주의를 집중하고, 상대방의 언어와 행동에서 예상치 않은 니즈와 욕구를 찾고자 노력해야 한다.

영국의 킹우드 트러스트 자선 단체Kingwood Trust Charity의 디자인은 공감을 통한 새로운 디자인 해결책의 좋은 예시다.[14] 이 자선 단체는 성인 자폐증 환자가 집에서 안전하게 생활하는 것을 돕기 위한 디자인 프로젝트를 진행했다. 이를 위해 케이티 거디온Katie Gaudion은 자폐증 환자가 사는 집을 방문했다. 자폐증 환자는 가죽 소파를 손으로 뜯고 귀를 벽에 문지르는 이상 행동을 보였다. 처음 이러한 행동을 봤을 때, 그는 이를 파괴적 충동에 의한 행동이라고 생각했고 금지할 방법을 고민했다. 그러나 자폐증 환자의 집을 두 번째 방문했을 때, 그는 고정 관념에서 벗어나 자폐증 환자의 관점에서 행동을 이해하려고 노력했다. '혹시 파괴적 본능이 아니라 재미 때문에 소파를 뜯는 것은 아닐까? 벽에 귀를 문지를 때 느껴지는 간지러움과 진동에 즐거움을 느끼는 것은 아닐까?' 환자에게 공감하는 순간, 케이티 거디온의 디자인 해결책은 이전과는 전혀 달라졌다. 그녀는 자폐증 환자를 위해 손으로 표면을 재미있게 뜯을 수 있는 오브제와 귀를 문지를 때 더 즐거운 감각을 경험할 수 있는 벽 보호대를 디자인했다. 사용자에 대한 공감은 전혀 다른 관점에서 문제를 바라보고 해결책을 도출할 수 있도록 한다. 이때 중요한 것은 디자이너 자신의 고정 관념을 벗어나는 것이다.

고객 조사를 진행할 때 디자이너에게 요구되는 두 가지 태도가 있다. 하나는 사용자를 있는 그대로 받아들이고자 하는 열린 마음이다. 디자이너는 해결책 중심의 사고를 하므로 디자인 문제를 접했을 때 본능적으로 해결책을 머릿속에 떠올리는 경향이 있다. 자신이 생각하는 디자인 해결책이 고객 조사 이전에 구체화되면, 사용자가 느끼는 문제점을 있는 그대로 받아들이는 것이 어렵다. 본인이 생각하는 해결책이 사용자를 관찰하고 인터뷰를 진행하는 과정에서 필터의 역할을 하게 되기 때문이다. 또한 자신이 생각하는 해결책을 사용자에게 강요하거나 검증받는 방향으로 인터뷰가 진행될 우려가 있다. 자신의 필터를 끄고 활짝 열린 마음으로 사용자를 이해하고자 할 때, 디자이너는 비로소 자신의 한계를 넘어서는 새로운 인사이트를 발견할 수 있다.

　다른 하나는 해결책을 도출하고자 하는 의지다. 고객 조사를 하는 과정에서 디자이너는 사용자가 느끼는 문제의 본질을 찾아내고 해결 가능한 방법을 지속해서 탐색해야 한다. 이 단계는 아직 최종 해결책을 도출하는 단계는 아니다. 그렇지만 해결책의 가능성을 상상하며 중요한 문제의 본질에 최대한 집중할 수 있어야 한다. 기술적 또는 비즈니스적 요인 때문에 해결 자체가 불가능한 문제에 매달리는 것은 자칫 시간과 노력을 낭비할 수 있기 때문에 주의해야 한다. 해결할 수 없는 문제에 지나치게 매달리지 말고, 디자이너 스스로 해결할 수 있는 문제에 집중해야 한다. 문제의 본질을 찾으면 자연스럽게 해결책의 방향성을 떠올리게 되고 어렴풋하게나마 실현 가능성을 예측할 수 있다. 이러한 방식으로 해결책을 고려하면서 문제의 본질을 집요하게 탐색해야 한다.

　과거에는 디자이너가 고객 조사를 직접 하지 않고 리서치 전문 회사에 고객 조사를 의뢰한 후 전달받은 자료를 바탕으로 디자인을 했다. 이 경우 디자이너는 디자인 해결책에 실질적인 도움이 되는 정보를 거의 얻지 못했다. 결국 리서치 따로, 디자인 따로가 됐다. 이러한 현상이 나타나는 이유는 리서치 전문 회사의 경우 문제의 해결책을 상상하며 고객 조사를 진행하지 않기 때문이다. 리서치 회사는 사용자가 느끼는 불편함과 문제점만을 중심으로 고객 조사를 진행하기 때문에 해결책을 상상해 내기에는 1퍼센트가 부족한 조사 결과가 나오는 것이다. 최근에는 리서치 전문 회사의 리서치 방식을 마케팅 리서치, 디자이너가 직접 참여해 고객 조사를 진행하는 것을 디자인 리서치라고 명명하며 두 가지 방식을 구분한다. 고객 조사 과정에서 디자이너는 해결책을 상상할 수 있는 수준에 이르기까지 사용자와 자신에게 끊임없는 질문을 던져야 한다. 열린 마음과 문제 해결 의지는 고객 조사 과정에서 디자이너가 반드시 갖추어야 하는 태도다.

누군가에 공감하기 위해선 일반적으로 체험, 관찰, 인터뷰 등의 방법을 사용한다. 체험은 사용자의 환경을 디자이너가 직접 경험해 스스로 문제점을 파악하는 방법이고, 관찰은 사용자가 하는 행동을 가장 자연스러운 상태에서 관찰함으로써 사용자가 느끼지 못하는 문제점을 파악하는 방법이다. 마지막으로 인터뷰는 사용자와 깊이 있는 대화를 함으로써 사용자가 느끼는 문제점을 인지하고 제품이나 서비스와 관련한 요구 사항을 파악하는 방법이다. 고객 조사는 사용자가 느끼는 문제점과 느끼지 못하는 문제점을 모두 파악하는 것이 목적이다. 이 때문에 위의 방법을 적절히 섞어 사용하는 것이 바람직하다.

세 가지 방법 중에 어떤 방법이 가장 효과적인지 파악

하기 위해, 산업 디자인 전공 3~4학년 학생들을 대상으로 실험을 진행했다. 자율 주행차와 관련한 문제점을 파악하고 아이디어를 내는 것을 실험 과제로 줬다.[15] 한 그룹은 자신이 직접 자율 주행차를 운전하는 체험을 했고, 다른 한 그룹은 자율 주행차를 운전하는 운전자를 관찰했으며, 마지막 한 그룹은 자율 주행차를 운전한 경험이 있는 운전자를 인터뷰했다. 고객 조사를 진행한 후 실험 참가자는 개별적으로 아이디어를 냈고, 10년 이상 경력의 전문 디자이너 다섯 명이 독창성과 유용성의 관점에서 아이디어를 평가했다. 어떤 고객 조사 방법을 사용한 그룹이 가장 좋은 아이디어를 도출했을까? 결론부터 말하면, 세 집단 모두에 어떠한 차이점도 발견되지 않았다. 우리가 일반적으로 사용하는 세 가지 서로 다른 고객 조사 유형은 아이디어의 퀄리티에 영향을 미치지 않는다.

그러나 실험을 통해 놀라운 사실을 발견했다. 디자이너의 공감 능력이 아이디어의 퀄리티에 미치는 영향이다. 실험 참가자를 대상으로 대인 관계 반응성 지수(Interpersonal Reactive Index·IRI)를 통해 공감 능력을 평가했는데, 공감 능력에서 높은 점수를 받은 학생들이 더 유용한 아이디어를 냈다. 공감 능력이 뛰어날수록 사용자의 문제점을 더 잘 인지하기 때문으로 추측된다. 디자인 교육에 있어서 우리는 지나치게 독창성을 강조한다. 그러나 제품이나 서비스가 시장에서 성공하기 위해서는 유용성의 가치가 매우 중요하다. 아무도 쓸모없는 기능에 돈을 내려 하지 않기 때문이다. 이번 실험은 디자인에 있어서 공감 능력의 중요성을 보여 준다.

　사람들의 공감 능력은 저마다 다르다. 다양한 고객 조사 방법을 사용하는 이유는 대상에 대한 공감이 저절로 일어나지 않기 때문이다. 우리는 모든 대상에 반사적으로 똑같이 공감하지 않는다. 공감의 대상과 상황에 따라 공감의 정도는 달라진다.[16] 여성은 남성에게 완전히 공감하는 것이 어렵고, 젊은 사람은 나이 든 사람에 공감하는 것이 어렵다. 자식을 키워 보지 않은 사람은 애지중지 자식을 키우는 사람에게 공감하기가 어렵고, 대도시에 사는 사람은 한적한 시골에 사는 사람에 공감하기 어렵다. 개인적 고통과 불편을 느끼게 되는 경우에도 공감은 잘 이뤄지지 않는다. 특정 대상에 대해서 좋지 않은 경험이 있는 사람은 그 대상에 공감하는 것이 어렵고,[17] 자기 자신과 가치관이나 태도가 다른 사람에게 공감하는 것도 마찬가지로 어렵다. 이렇게 자신을 대상과 동일시하거나 연결하는 과정이 어렵거나 힘든 경우에 공감 기능은 제대로 작동하지 않는다. 그러나 디자이너는 다양한 사용자를 대상으로 더 나은 해결책을 제안하는 것을 업으로 삼는 사람들이다. 모든 수단과 방법을 동원해 사용자에게 공감하고 최선의 해결책을 제안해 줄 수 있어야 한다.

가장 기본적인 고객 조사의 대상은 사용자다. 그러나 사용자가 유일한 고객 조사 대상은 아니다. 전문가, 인플루언서(리드 유저, 얼리 어답터, 아웃라이어 등), 이해관계자를 대상으로 고객 조사를 하는 것을 권장한다. 관련 분야 전문가의 경우 오랜 기간 해당 분야에 종사하면서 다양한 경험을 했을 뿐만 아니라 많은 성공 사례와 실패 사례를 경험했다. 따라서 고객의 성향과 트렌드의 변화를 깊이 이해하고 있다. 이들의 경험과 조언을 듣는 것은 짧은 시간에 풍부한 정보를 얻는 데 매우 효과적인 방법이다.

리드 유저, 얼리 어답터, 아웃라이어는 다양한 분야에 대한 관심과 지식이 풍부하고 관련된 제품이나 서비스를 사용해 봤을 확률이 높은 사람들이다. 이들에 대한 고객 조사는 독특하고 새로운 관점의 정보를 얻도록 도와준다. 이들은 아직 해결책이 나오지 않은 문제에 대해 자기만의 해결책을 가지고 있을 확률이 높다. 독특한 문제 해결 방식이 디자이너에게 많은 영감을 주기도 한다. 이들이 만들어 놓은 해결책을 바탕으로 디자이너가 더 쉽고, 편리하고, 대중적인 해결책을 제안할 수도 있다.

보통 시장에 진입하지 않은 초기 제품이나 서비스를 디자인할 경우, 인플루언서를 대상으로 고객 조사를 한다. 스마트폰, 태블릿, 인공지능 스피커, 자율 주행차 등 기술 기반의 혁신 제품이 시장에 등장할 때, 이들은 신기술에 관심이 많기 때문에 새로운 제품이나 서비스를 사용하는 것을 마치 하나의 취미 활동처럼 즐긴다. 그래서 의견을 구하는 게 상대적으로 쉽다. 일반 사용자는 경험해 보지 못한 제품이나 서비스에 대해 의견을 제시하는 것을 어려워하기 때문이다.

다음으로 문제와 직접적으로 연관된 이해관계자를 대상으로 고객 조사를 하는 것을 권장한다. 이해관계자는 기업 내부의 직원이 될 수도 있고, 기업과 고객 사이를 연결하는 판매 사원, 서비스 응대자, 배송 설치 기사 등이 될 수도 있다. 기존 제품이나 서비스가 가지고 있는 문제의 본질, 가치 사슬 안에서 발생하는 이해관계의 문제를 정확하게 파악하고 있는 이들을 통해 현실적인 해결책을 만들 수 있다.

몇 년 전 LG 생활건강의 네이처컬렉션Nature Collection 화장품 매장 서비스 디자인 프로젝트를 진행한 적이 있다. 먼저 일반 고객을 대상으로 고객 조사를 진행한 후, 현실적인 디자인 해결책을 도출하기 위해 매장 직원을 대상으로 고객 조사를 진행했다. 매장에 머물면서 매장 직원을 관찰하고 인터뷰를 하던 중 특이한 점을 발견했다. 매장 직원은 고객에게 제품을 설명하는 도중에도 계속 매장 입구를 흘끗흘끗 쳐다보았다. 나중에 이유를 물으니, 제품 도난 문제로 고객을 응대하는 중에 계속 주변 상황에 신경을 써야 한다는 것이었다. 해결책으로 새로운 제품 진열 방식을 제안했다. 도난의 위험이 있을 뿐 아니라 진열대의 강한 조명이 화장품을 변질시킬 수 있기 때문에, 진열대에는 샘플 위주로 최소한의 수량을 전시하고 그 외의 제품은 창고에 두는 방식을 제안했다. 매장 직원은 또 고객이 스마트폰을 쓰는 것에 강한 거부감을 느꼈다. 고객이 화장품 관련 애플리케이션을 통해 모든 정보를 확인한 후 최종적으로 구매를 결정하게 되면, 매장에서의 체험과 직원의 설명이 무용지물이 된다는 것이다. 이미 고객의 쇼핑 경험에서 온라인과 오프라인의 경계는 허물어졌는데, 오프라인 매장은 아직도 달라진 현실을 받아들일 준비가 되지 않았다는 생각이 들었다.

해결책으로 매장에서의 고객 경험에 온라인을 적극적으로 결합하는 방식을 제안했다. 먼저 매장에 손님이 가장 많이 오는 주말 시간에 뷰티 유튜버를 초대해 실시간으로 온라인 방송을 진행하는 서비스를 제안했다. 뷰티 유튜버는 매장에서 해당 브랜드의 제품을 실제로 사용하면서 적극적으로 제품을 홍보하고, 고객들은 SNS를 통해 실시간으로 자신이 느끼는 문제점을 유튜버에게 문의하고 답변을 듣는 온·오프라인 결합의 소통 방식을 제안했다. 다음으로 매장에 인공지능 스크린을 설치해 빅데이터 정보를 활용해 제품을 추천하는 서비스를 제안했다. 실제로 고객은 제품의 색상, 성분과 같은 일차적인 정보보다는 제품이 실제로 나에게 얼마나 잘 어울리고, 적합한지를 알고 싶어 한다. 이는 온라인이 제공해 줄 수 없는 정보로 오직 오프라인에서만 얻을 수 있다. 체험을 강화할 수 있는 공간이 필요한 것이다. 인공지능 스크린은 고객이 제품을 테스트하면 고객과의 매칭 정도를 점수로 알려 준다. 고객은 자신에게 가장 잘 어울리는 제품을 선택하기 위해 다양한 제품을 테스트해 볼 것이고, 이는 고객에게 맞춤형 정보를 제공할 뿐만 아니라 재미와 즐거움도 선사한다. 오프라인 매장의 핵심 기능인 고객 체험이 강화되면 매출 증가도 기대할 수 있게 된다. 인공지능 스크린의 또 다른 장점은 매장 직원이 고객을 일일이 응대하지 않아도 된다는 점이다. 인공지능 스크린과 매장 직원이 매장 운영의 업무를 서로 나눠 할 수 있게 되는 것이다. 디자인 해결책은 변화하는 환경을 거부하는 것이 아니라, 오히려 이를 적극적으로 수용해 긍정적으로 활용하는 것이어야 한다. 또 디자인 해결책이 실제로 구현되기 위해서는 고객 니즈뿐만 아니라 고객을 둘러싼 다양한 이해관계자의 니즈가 충족되어야 한다.

아이디어의 슬로건

공감하기 단계에서 파악한 고객의 문제점을 정리하는 단계가 바로 정의하기다. 이 단계에서는 먼저 페르소나persona라고 불리는 가상의 인물을 묘사함으로써 사용자를 구체화한다. 다음으로 페르소나를 중심으로 고객 여정 지도customer journey map를 그린다. 기존 제품과 서비스를 사용하는 전 과정에서 발생하는 문제점을 사용자의 입장에서 정리하기 위해서다. 마지막으로 미래 제품과 서비스의 방향성을 결정하는 디자인 테마design theme를 도출한다. 디자인 테마는 고객의 니즈를 분류한 것이다. 이를 바탕으로 아이디어를 도출할 수 있다. 아이디어의 주제인 셈이다. 디자인 테마는 공감하기와 아이디어 도출하기를 잇는 가교 구실을 한다. 비즈니스에서는 기회 영역opportunity area이라고 부른다. 어떠한 디자인 테마를 도출하느냐에 따라 아이디어는 전혀 달라진다. 따라서 본질적이고, 독창적이며, 실현 가능한 디자인 테마를 도출하는 것이 중요하다.

디자인 테마를 만드는 방법은 간단하다. 고객의 이야기를 비슷한 내용끼리 묶어서 분류하면 된다. 어떤 기준으로 나눠야 할까? 오랫동안 기업에서 일한 실무자의 경우, 대부분 별 고민 없이 제품이나 서비스의 속성feature 또는 기능function을 중심으로 분류를 한다. 스마트폰을 예로 들면 사이즈, 배터리와 카메라 성능, 저장 용량, 사용성 등이다.

하지만 공감하기 단계에서 고객이 이런 말을 했다고 가정해 보자. "저는 출퇴근 시간에 항상 이어폰으로 음악을 들어요." 이 사람이 출퇴근 시간마다 음악을 듣는 것은 음악을 좋아해서일까? 꼭 그렇지 않을 수도 있다. 부족한 잠을 보충하기 위해 주변의 소음을 차단할 목적으로 이어폰을 끼고 음악을 들을 수도 있다. 그렇다면 이 사람에게는 '음악'이 아닌 '소음 차단' 기능이 필요하다. 이처럼 음악을 듣는 고객 행동을 단순히 '음악' 기능으로 분류할 경우 고객의 니즈를 완전히 잘못 파악하게 된다. 동일한 고객 행동도 서로 다른 니즈에서 비롯된 것일 수 있다.

반대로 동일한 니즈가 다른 고객 행동으로 나타날 수도 있다. 간직하고 싶은 대화, 링크, 이미지를 저장하는 방식을 생각해 보자. 누군가는 스마트폰 메모에 저장하고, 누군가는 카카오톡 메신저로 스스로에게 보낸다. 사람들은 중요한 정보를 저장하기 위해 메모, 카톡, 이메일, 문자, SNS 등 자신에게 편한 방식을 선택한다. 이 경우 고객이 사용하는 기능은 모두 다르지만 중요한 정보를 어딘가에 저장하고자 한다는 니즈는 동일하다.

단순히 속성과 기능을 중심으로 분류하게 되면, 우리는 고객이 진정으로 원하는 해결책을 제시할 수 없다. 공감하기의 단계에서 고객이 '왜' 그러한 행동을 하는지 파악했다면,

정의하기의 단계에서도 '왜'에 초점을 맞춰 분류해야 한다. 기업 내 의사소통의 가장 기본적인 단위가 속성과 기능이기 때문에 실무자들은 이러한 익숙한 개념 위주로 분류를 한다. 그러나 디자인 테마를 위한 분류는 고객의 관점에서 이루어져야 한다.

그렇다면 고객 관점의 분류란 무엇일까? 고객의 니즈와 인식perception을 중심으로 한 분류다. 고객은 불편이 해소되고 희망 사항이 이루어지기를 원할 뿐이다. 그것이 반드시 기존의 속성이나 기능을 통해서 이루어질 필요는 없다. 따라서 니즈를 중심으로 분류를 하게 되면, 기존 해결 방식이 아닌 새로운 가능성을 탐색할 확률이 더 높아진다. 다음으로 인식을 중심으로 한 분류는 니즈를 중심으로 한 것보다는 자주 쓰이지 않지만, 고객의 고정 관념을 이해함으로써 이를 극복할 수 있는 새로운 방법을 찾도록 유도해 준다.

사례를 들어 한번 설명해 보자. 최근 생활 가전 회사와 함께 수면 관련 프로젝트를 진행하면서 만든 디자인 테마다. 먼저 니즈를 중심으로 도출한 디자인 테마 한 가지는 '패밀리 비즈니스family business'였다. 우리는 일반적으로 수면이 '사적 문제personal affair'라고 생각하지만, 고객 조사를 한 결과, 가족의 라이프스타일과 수면 습관 때문에 잠을 잘 때 어려움을 겪는 사람들이 많음을 알 수 있었다. 패밀리 비즈니스라는 디자인 테마는 수면의 문제를 개인적인 차원이 아니라 가족 공동체의 차원으로 확장해 접근할 것을 권고하고 있다.

다음으로 잠에 대한 인식을 중심으로 도출한 디자인 테마는 '에스프레소 슬립espresso sleep'이다. 사람들은 잠자는 시간은 최소로 유지하되 잠의 질은 높이기를 원한다. 이러한 현상은 젊은 세대에게 더욱 뚜렷하게 나타났다. 그들에게 잠을 많이 잘 잔다는 것은 전혀 긍정적인 의미가 아니었다. 에스프레소 슬립이라는 디자인 테마는 수면의 양보다는 수면의 질을 높이는 디자인 해결책을 도출할 것을 권고해 주었다. 니즈와 인식을 중심으로 도출한 디자인 테마는 사람들의 인식을 반영하거나 혹은 극복하면서, 니즈를 충족하는 디자인 해결책을 도출하도록 도와준다.

디자인 테마를 도출하기 위해 분류를 하다 보면, 고객의 니즈와 인식에서 벗어나 제품과 서비스의 속성과 기능을 중심으로 나누고 있는 것을 발견하게 된다. 그런 순간마다 다시 고객의 관점에서 생각을 정리해야 한다. 분류 작업은 한 번에 끝나는 것이 아니다. 고객에게 가장 중요하며 동시에 새로운 디자인 해결책을 줄 가능성이 있는 디자인 테마를 도출할 때까지 분류와 복귀를 반복하면서 최종 디자인 테마를 도출해야 한다.

잘 만들어진 디자인 테마는 사람들이 예상하지 못한 독

특한 니즈를 보여 준다. 우리가 고객 조사를 하는 이유는 고객의 새로운 니즈를 찾기 위해서다. 매일 수많은 제품과 서비스가 시장에 출시되기 때문에 고객의 생활은 날마다 변화하고 있다. 새로운 생활 방식은 새로운 니즈를 야기한다. 그리고 이러한 변화는 과거보다 빨라지고 있다. 기업에서 일하는 실무자는 오랜 기간 지속적으로 고객 조사를 진행해 왔기 때문에 스스로 고객을 누구보다 잘 안다고 생각하지만, 반드시 그렇지는 않다. 실무자는 기업의 입장에서 기술 구현 가능성feasibility과 비즈니스 성공 가능성viability을 항상 염두에 두고 고객을 바라보기 때문이다. 이처럼 제한된 렌즈를 통해서 고객조사를 할 경우, 고객의 새로운 니즈와 기대desirability는 필터링될 확률이 높다. 문제가 존재하지 않는 제품과 서비스의 영역은 없다. 따라서 디자이너는 매 순간 새로운 문제를 찾고 니즈를 발견하려는 태도를 가져야 한다.

비슷한 관점에서 명시적 니즈는 좋은 디자인 테마가 될수 없다. 해당 산업에서 이미 널리 알려졌지만, 지금의 기술수준과 시장 상황에서는 해결하기 어려운 문제일 확률이 높다. 해결이 불가능한 니즈를 디자인 테마로 도출하는 것은 의미가 없다. 물론 해결이 불가능하다고 처음부터 포기하라는얘기는 아니다. 해당 분야의 전문 지식을 바탕으로 해결 가능성을 고려해 디자인 테마를 도출하라는 의미다. 해결이 불가

능한 이상적인 디자인 테마만을 도출한다면 디자이너의 전문
성과 신뢰도를 의심받을 것이다. 문제의 본질을 기존의 방식
과 다른 관점에서 바라보는 것이 필요하다.

영화 포스터처럼

디자인 테마를 조금 더 깊이 들여다보자. 테마theme란 무엇인
가? 테마는 우리말로 주제다.《표준국어대사전》에 따르면 주
제는 ①대화나 연구 따위에서 중심이 되는 문제, ②예술 작품
에서 지은이가 나타내고자 하는 기본적인 사상, ③주된 제목
을 의미한다. 세 가지 뜻풀이는 정의하기 단계에서 우리가 도
출하는 디자인 테마와 깊은 연관성을 지닌다. 디자인 테마의
핵심은 '중심', '사상', '제목'이다.

　　먼저 중심은 고객 조사를 통해서 도출된 다양한 의견
중에 가장 핵심적인 의견을 골라낸다는 의미다. 많은 사람이
똑같이 언급한 내용일 수도 있고, 단 한 명이 언급했지만 의미
심장한 내용일 수도 있다. 중심이 되는 의견을 선정하기 때문
에 이 단계를 수렴의 단계라고도 한다. 디자인 테마는 제품 또
는 서비스의 핵심적인 가치를 상징하는 것으로서 디자인을
통해 해결하고자 하는 가장 주요한 문제다.

　　다음으로 사상은 고객 조사를 통해 알게 된 개별적이고
구체적인 사실을 보다 보편적인 생각으로 추상화하는 것을

의미한다. 예를 들어 설명해 보자. 봉준호 감독의 영화 〈기생충〉의 주제는 무엇인가? 감독은 아마도 '인간의 존엄성을 지키는 계급 간의 공생'에 대해서 이야기하고 싶었을 것이다. 극과 극의 계층에 속한 가족이 서로 존중하고 연대하며 공생하지 못할 때 맞게 되는 비극적 결말을 통해 감독은 현대 사회의 부조리와 슬픔을 생각해 보게 한다. 이러한 주제를 효과적으로 전달하기 위해 감독은 기택의 가족과 박 사장의 가족을 등장시키고, 두 가족이 우연히 얽히고 예상치 못한 사건에 휘말리는 웃기고, 무섭고, 슬픈 이야기를 들려준다. 여기서 등장인물과 사건은 영화의 소재다. 이것은 우리가 고객 조사를 통해서 만나게 되는 사람들이 들려주는 이야기라고 할 수 있다. 이런 개별적이고 구체적인 소재를 바탕으로 우리는 디자인 테마라고 하는 주제를 끄집어내야 한다. 영화감독은 주제를 정하고 소재를 창작하지만, 디자이너는 소재를 바탕으로 주제를 정한다. 그렇기 때문에 이 과정을 추상화의 과정이라고도 한다.

프로젝트 규모에 따라 달라지겠지만 보통 하나의 제품이나 서비스를 대상으로 고객 조사를 할 경우 10~20명 내외로 심층 인터뷰를 진행한다. 소수 인원을 대상으로 하므로 고객 조사 결과의 신빙성에 의문을 제기하는 사람도 많다. 심층 인터뷰 대상자의 개별적인 이야기는 정의하기의 단계를 거쳐서 전체 고객이 공통으로 느끼는 보편성과 타당성을 갖춘 니즈로 전환된다. 이는 디자이너가 고객의 행동과 말로부터 핵심적인 니즈와 가치를 도출해 내야 가능한 일이다. 잘 선정된 테마는 매우 개인적이며 동시에 보편적이다. 키스 도르스트는 디자인 테마를 정하는 과정을 "문제의 상황problem situation을 인간의 차원human dimension으로 전환하는 과정"이라고 했다. 개별적인 이야기는 인문학적 통찰력을 바탕으로 보편적인 디자인 주제로 전환될 수 있다.

마지막으로 제목은 중심이 되는 사상이 인상 깊은 제목으로 표현되는 것을 의미한다. 영화를 보고 나면 우리는 영화의 제목인 '기생충'의 의미를 이해하게 된다. 제목은 간결하지만 의미를 내포하고 있다. 디자인 테마 역시 영화의 제목과 같이 짧은 단어로 표현될 수 있어야 하며, 간략한 설명과 함께 모든 사람의 공감을 얻을 수 있어야 한다. 디자인 테마는 결국 영화의 포스터와 같이 만들 수 있다. 고객이 처한 상황과 니즈를 연상시키는 상징적인 제목과 함께 간략한 설명을 추가하고, 이에 어울리는 이미지를 배경으로 넣으면 이해하기가 쉽다. 영화의 포스터로 영화의 내용을 짐작할 수 있듯이 잘 표현된 디자인 테마를 보면 디자인의 문제점과 해결책이 머릿속에 그려진다.

숲을 봐야 하는 이유

과거 디자이너들은 문제를 발견하면 곧바로 연필을 들고 종이에 스케치를 시작했다. 불편함이 발생하는 맥락과 고객이 추구하는 경험이 무엇인지에 대한 종합적인 이해가 결핍된 채 단편적으로 문제를 해결하는 방식이다. 그래서 정의하기의 단계는 기존 디자인 프로세스와 비교했을 때 가장 새로운 단계다. 많은 디자이너가 중요성을 알지 못한 채 형식적으로 이 단계를 수행하게 되는 이유다. 디자인 싱킹에서 정의하기를 강조하는 이유는 총체적 경험holisitc experience과 혁신적 해결책innovative solution을 도출하기 위해서다.

총체적 경험의 관점에서 디자인한다는 것은 무슨 의미일까? LG전자에서 근무하던 2000년대 후반 화상 채팅이 보편화하기 전, 미국 가정에 고객 조사를 하러 간 적이 있다. 한국에서는 판매가 신통치 않던 디지털 포토 프레임이 집마다 거실에 놓여 있는 것을 목격했다. 디지털 포토 프레임은 스크린을 통해 수백 개의 사진을 번갈아 보여 주는 디지털 방식의 사진 액자다. 가족이 멀리 떨어져 살아 자주 만날 수 없는 미국에서는 부모님 댁을 방문할 때 그동안 찍은 사진을 USB에 담아 디지털 포토 프레임에 저장해 준다고 했다. 두세 시간이면 어디든 갈 수 있는 우리나라에서는 낯선 풍경이었다.

당시 집 안의 TV, 컴퓨터, 휴대 전화, 냉장고 디스플레이 등을 효과적으로 연결해 'N스크린'이라는 새로운 서비스를 디자인하는 것을 목표로 했다. 우리는 '나를 보세요see me'라는 디자인 테마를 도출했다. 사람들은 사랑하는 사람과 음성 이상의 커뮤니케이션을 원하며 그 과정이 조금 더 생생하고 편리하기를 원한다는 사실을 깨달았다. 당시 이미 스카이프 Skype 서비스가 있었지만 시간을 조정하고 설정하는 과정이 복잡했다. 또 업무용이라는 이미지가 강해서 사적 용도로는 잘 활용되지 않았다. 디지털 포토 프레임의 외관을 아름답게 디자인하고, USB 연결을 편리하게 하며, 저장 용량을 늘리는 것이 문제의 본질은 아니었다. 핵심은 멀리 떨어진 가족의 소중한 일상을 실시간으로 편리하게 전송하고 감상하는 것이다. 우리는 사진과 영상을 스마트폰을 이용해 실시간으로 전송하고, 권한이 부여된 가족 구성원은 언제 어디서나 집 안의 스크린을 통해 편리하게 이미지를 감상할 수 있도록 디지털 포토 프레임의 경험을 총체적으로 새롭게 디자인했다.

혁신적 해결책을 도출한다는 것은 무슨 의미일까? 오스트레일리아의 도시 뉴사우스웨일스New South Wales는 도시의 보안과 안전을 위해 2008년 범죄 근절 디자인 센터(Designing Out Crime·DOC)를 설립했다.[18] DOC는 5년 동안 40여 개의 기관과 함께 100여 개의 프로젝트를 수행했으며, 시드니 킹스 크로스Kings Cross 프로젝트는 혁신적 해결책을 보여 준 좋은 사례다. 캉스 크로스는 주말 저녁이면 3만여 명의 젊은이들이 모여드는 유흥가로, 주말 늦은 밤이면 술에 취한 사람들 간의 폭력 문제가 빈번하게 발생했다. 바와 클럽은 자체적으로 안전 요원을 배치했고, 정부는 경찰 인력을 늘리며 더 많은 CCTV를 설치했다.

하지만 범죄 발생률은 지속해서 증가했다. DOC는 이 문제를 전혀 새로운 관점으로 접근했다. 폭력 범죄는 주로 술에 취한 사람들이 클럽에서 클럽으로 이동하는 과정에서 발생했다. DOC는 공권력을 동원한 강압적인 방법이 아니라 오히려 야외 축제 같은 분위기를 조성해 문제를 해결했다. DOC는 먼저 스마트폰 애플리케이션을 통해 클럽의 대기 시간 알림 서비스를 제공했다. 클럽에 들어가기 위해 장시간 줄을 서서 대기하는 시간을 최소화함으로써 사람들 간의 불필요한 접촉을 최소화했다. 다음은 분수대 옆 야외에 라운지 공간을 만들어 즐기면서 기다릴 수 있도록 했다. 야외 축제와 같은 분위기는 사람들의 심리 상태를 느긋하고 편안하게 바꾸었다. 또한 안전 요원의 복장을 밝고 유쾌하게 디자인함으로써 감시자가 아닌 도우미의 역할을 유도했다. DOC는 범죄를 억제하는 것이 아니라 함께 즐길 수 있는 야외 공간을 만듦으로써 새로운 방식으로 문제를 해결했다. 새로운 관점으로 문제를 정의했기 때문에 가능한 결과였다.

나만의 프레임

세상을 바라보는 방식은 사람마다 다르다. 이러한 방식은 선천적 조건과 후천적 경험 때문에 결정된다. 심리학에서는 세상을 바라보는 방식을 프레임frame이라고 부른다. 디자인에서 프레임은 문제를 바라보는 방식을 말한다. 세상을 바라보는 방식이 인생의 행복을 결정하는 것처럼 문제를 바라보는 방식이 디자인의 성공을 결정한다. 문제를 바라보는 나의 프레임은 얼마나 독창적이고 적절한가? 디자인 테마를 바탕으로 결과물을 도출하는 능력도 중요하지만, 그보다 문제를 혁신적인 관점으로 정의하는 능력이 반드시 선행되어야 한다.

디자인 테마는 특정한 관점으로 문제를 해결하겠다는 일종의 선언과도 같다. 동일한 디자인 과제도 디자이너마다 해결 방법이 다르다. 과학에는 한 가지 진실만이 존재하나, 디자인에는 수많은 가능성이 존재한다. 디자인은 최적의 해결책appropriate solution을 찾아가는 과정이다. 디자인 테마를 통해서 우리는 해결책의 기준과 방향을 정한다. 기준과 방향은 해결책의 수준을 예측할 수 있을 만큼 구체적이고 개성 있어야 한다.

정의하기에 익숙하지 않은 초보자들은 매우 추상적인 디자인 테마를 도출한다. '사용의 용이성', '선택의 다양성', '휴대의 간편성', '접근의 편리성' 등이 예다. 이와 같은 디자인 테마는 고객 조사를 하지 않더라도 알 수 있는 보편타당한 가치이자 해결책의 구체적인 방향을 제시해 주지 못한다. 고객 조사를 제대로 하지 않았거나, 문제를 제대로 정의하지 못한 경우에 이런 상황이 발생한다.

추상적 수준의 디자인 테마를 도출했다는 것은 해결책에 대한 방향성을 잡지 못했다는 것을 의미한다. 정의하기 단계는 공감하기 단계의 결과물이 아니라 소설의 결말을 염두에 두면서 개별 사건을 전개해 가는 중간 과정이다. 그렇다고 해결책이 이미 확정됐다는 의미는 결코 아니다. 이런 의미에서 디자인 싱킹은 로저 마틴의 주장처럼 직선적인 사고linear thinking가 아니라 다각적이고 비선형적인 사고다.

정의하기 단계는 공감하기와 아이디어 내기가 포개어지는 순간이다. 타임머신을 타고 미래로 가서 해결책을 도출하는 자신을 상상하면서 고객을 조사한 결과로부터 의미 있는 디자인 테마를 도출해야 한다. 과거와 미래가 겹치면서 퍼즐이 짜 맞춰지는 순간이다. 단순히 고객 조사 결과를 기계적으로 분류하는 과정이 아닌 것이다. 디자인 경험이 풍부해야 디자인 테마를 잘 만들 수 있다. 어떤 디자인 해결책이 가능할지 머릿속에 상상할 수 있어야만 제대로 된 디자인 테마를 도출할 수 있기 때문이다. 잘 정의된 디자인 테마는 해결책의 방향성을 제시해 주기 때문에 사람들의 공감을 얻고 해결책에 대한 기대감을 준다. 현대자동차와 함께 자율 주행차 관련 프로젝트를 진행할 때, 한 엔지니어는 디자인 테마를 접하고 앞으로 어떤 기술을 개발해야 할지에 대한 인사이트를 얻었다고 했다. 내가 선정한 디자인 테마는 해결책의 방향성을 구체적으로 제시해 주고 있는가? 확신이 들 때까지 다시 한번 곰곰이 디자인 테마를 점검해 보자.

디자인 테마는 특히 추후 디자인 콘셉트를 확정지을 때 판단의 기준이 된다. 디자인 해결책이 얼마나 적절히 고객의 니즈를 반영하고 있는지 확인하기 위해 각각의 콘셉트를 디자인 테마와 맵핑해 볼 수 있다. 또한 시간과 비용의 문제가 발생해 개발의 우선순위를 결정할 때도 디자인 테마를 기준으로 삼을 수 있다. 고객의 니즈에 근거해 정의된 디자인 테마는 추후 디자인 과정의 나침반과 같은 역할을 한다.

직관의 힘

이제 아이디어 도출하기의 단계로 넘어가자. 수렴convergence의 단계가 끝나고 확산divergence의 단계가 시작되는 시점이다. 아이디어를 평가하는 기준은 얼마나 창의적인가다. 창의성은 일반적으로 독창성originality, 유용성usefulness, 다양성variety, 양quantity을 기준으로 평가된다. 독창성은 기존의 것과 다른 새로운 것을 의미하고, 유용성은 고객의 문제를 실질적으로 해결해 주는 것을 의미한다. 다양성은 해결책의 범주가 광범위하고 다채로운 것을 의미하고, 양은 도출된 아이디어의 절대적 수치를 의미한다. 도출된 아이디어가 많을수록 아이디어의 퀄리티가 높아진다는 연구 결과에 따라 아이디어의 양을 강조하기도 한다. 그러나 창의성을 평가하는 가장 중요한 기준은 독창성과 유용성이다.

창의적인 아이디어는 어떻게 만들어질까? 직간접의 경험을 통해 기억 속에 쌓아 둔 모든 종류의 지식이 특정 디자인 문제와 연결되면서 해결책을 발견하는 것이 일반적인 과정이다. 화가 파블로 피카소Pablo Picasso는 "좋은 예술가는 모방하고 훌륭한 예술가는 훔친다"는 명언을 남겼다. 이 말의 뜻은 무엇일까? 모방한다는 말은 비슷하게 본떠 더 나은 것을 만든다는 의미다. 해당 분야에서 이미 잘 알려진 제품이나 서비스의 본질적인 부분을 그대로 유지한 채 비본질적인 부분을 일부 바꿔 비슷한 해결책을 도출하는 것이다. 모방의 대상은 기능이 될 수도 있고 형태가 될 수도 있다. 훔친다는 말은 다른 분야에서 아이디어를 차용해 자신의 것으로 만든다는 의미다. 자신의 분야와 상관없는 다른 분야에서 사용되고 있는 경험, 기술, 기능, 형태를 차용해 자신만의 새로운 디자인 해결책을 도출하는 것이다.

오웬 맥클라렌이 개발한 접이식 유모차 ⓒMaclaren

영국의 항공기 설계사이자 파일럿이었던 오웬 맥클라
렌Owen Maclaren은 1965년 딸이 크고 무거운 유모차와 씨름하
는 것이 안쓰러워 항공기 랜딩 기어를 적용한 접이식 유모차
를 개발했다.[19] 기존의 유모차는 무겁고 운전이 힘들고 많은
공간을 차지한다는 문제를 갖고 있었다. 오웬 맥클라렌은 무
거움을 해소하기 위해 비행기에서 사용되는 가벼운 알루미늄
소재를 떠올렸고 공간을 많이 차지하는 불편함을 극복하기
위해 비행 중 기체 안으로 접혀 들어가는 랜딩 기어를 생각했
다. 이러한 요소를 기존 유모차에 적용한 결과물이 가벼운 접
이식 유모차다. 이것은 다른 분야의 기술과 기능을 접목해 독
창적인 해결책을 도출한 사례다.

세계적인 스타 디자이너 필립 스탁이 알레시를 위해 디
자인한 레몬 스퀴저 '주시 살리프Juicy Salif'도 비슷한 사례다.[20]
디자인 의뢰를 받고 일이 진척되지 않아 알베르토 알레시와
불편한 미팅을 한 후, 식사하러 이탈리안 레스토랑에 들른 필
립 스탁은 오징어 요리를 보고 영감을 받았다. 오징어 다리를
닮은 주시 살리프를 디자인하게 된 것이다. 눈앞의 오징어뿐
아니라 항공 엔지니어였던 아버지의 영향으로 어린 시절부터
관심을 두고 보아 온 비행기 디자인, 우주선, 공상 과학 영화,
만화 등의 이미지가 소환되면서, 오징어와 우주선을 섞어 놓
은 듯한 독특한 형태의 레몬 스퀴저가 탄생하게 됐다. 다른 분

오징어 모양의 레몬 스퀴저 '주시 살리프' ©Alessi

야의 제품 또는 오브제의 형태를 접목해 독창적인 디자인을
도출한 사례다.

창의적인 생각은 평상시 우리가 하는 일반적인 생각의
흐름에서 벗어나야 가능하다. 전혀 예상치 못한 대상으로부
터 직접적인 영감을 받거나, 기억 속에 남아 있는 정보와 이
미지로부터 간접적인 영감을 받아야만 한다. 우리가 평상시

에 하는 생각은 논리적이고 일관적이다. 이를 직선적 사고라고 한다. 그러나 창의적인 아이디어를 도출할 때 우리가 하는 생각은 직관적이고 의외성이 짙다. 이를 수평적 사고lateral thinking라고 한다. 창의적인 아이디어를 더 효과적으로 끌어낼 수 있도록 개발된 아이디에이션ideation 방법론은 모두 이와 같은 수평적 사고를 유도하기 위한 것이다. 우리에게 가장 익숙한 브레인스토밍brainstorming은 1953년에 개발된 가장 오래된 아이디에이션 방법론의 하나로서 수평적 사고를 자극한다.[21]

아이디에이션 룸은 일반적으로 수많은 자극물로 채워져 있다. 가장 대표적인 것이 시각적 자극물이다. 벽에는 다양한 디자인 이미지가 붙어 있고, 책상 위에는 프로토타입을 제작할 수 있는 스티로폼, 테이프, 펜, 종이, 풀, 가위 등이 놓여 있다. 또한 너무 느리지도 않고 너무 빠르지도 않은 라운지 음악이 잔잔히 흘러나온다. 모두 수평적 사고를 위한 자극물이다.

시각적 자극물과 청각적 자극물은 무의식 속의 생각들을 끄집어내 눈앞의 디자인 과제와 연결되면서 예상치 못한 아이디어를 만들어 낸다. 많은 연구가 자극물의 효과를 증명했다. 시각적 자극물에 노출되었을 때, 사람들은 더 독창적인 아이디어를 도출한다고 한다. 그러나 아이디어의 유용성에는 큰 차이가 없는 것으로 나타났다.[22] 또한 이미지 자극이 텍스트 자극보다 효과가 크다.[23] 시각적 자극물의 경우, 디테일의 수준이 높고 풍부한 감성의 이미지가 그렇지 않은 이미지보다 더 효과적이다.[24] 또한 2차원의 디자인 작업을 할 경우에는 2차원 시각적 자극물이 더 효과적이며, 3차원의 디자인 작업을 할 경우에는 3차원 시각적 자극물이 더 유용하다.[25]

참여와 협업의 디자인

최근 들어 디자인이 해결해야 하는 문제가 복잡해지고 있다. 이에 따라 다양한 분야의 전문가 또는 일반인이 함께 참여해 문제를 해결하는 것이 점차 보편화하고 있다. 이러한 협업 디자인co-design은 디자이너와 디자인 분야의 교육을 받지 않은 사람들이 함께 디자인 프로세스에 참여해 창의성을 발휘하는 것이다.[26] 고객과 함께하는 공감하기의 단계도 일종의 참여 디자인participatory design이며, 뒤에 소개될 프로토타입 제작과 테스트의 단계도 참여 디자인이다. 그뿐만 아니라 아이디어를 도출하는 아이디에이션의 단계에서도 참여 디자인이 적극적으로 활용된다. 이해관계자가 디자인에 참여하는 것을 협업 디자인이라고 하고 고객이 디자인에 참여하는 것을 참여 디자인이라고 부른다.

아이디에이션에 참여하는 사람들이 다양할수록 결과물의 수준이 높아진다는 것이 일반적인 견해다. 사회 과학 연구자 루 홍Lu Hong과 스캇 페이지Scott Page에 따르면 사람들은 관점perspective과 경험적 접근heuristic의 두 가지 측면에서 각기 다른 특성을 가지고 있다.[27] 관점은 문제를 어떻게 수용하고 인식하고 표현하는가, 경험적 접근은 문제를 어떻게 해결하는가와 관련이 있다. 관점은 인종, 지역, 성별, 나이에 따라 달라지고, 경험적 접근은 경험, 교육, 취향에 따라 달라진다. 서로 다른 관점과 경험적 접근을 가진 사람은 하나의 문제에 대해 서로 다른 해결책을 제시하기 때문에 최적의 결과물을 만드는 데 훨씬 더 유리하다.

　　비전문가의 참여를 부정적으로 보는 시각도 있다. 아이디에이션에 참여하는 일반인이 디자이너 수준의 전문적인 지식을 갖고 있지 않고, 창의적인 사고에 익숙하지 않기 때문이라고 주장한다. 로저 베넷Roger Bennet과 로버트 쿠퍼Robert Cooper는 사용자의 경우 문제에 대한 인식이 매우 제한적이고, 기술 구현 가능성에 대한 전문적인 지식이 없어서 자신의 니즈를 구체화하고 시각화하는 능력이 떨어진다고 평가했다.[28] 또한 사용자는 미래를 상상하며 해결책을 도출하는 데에도 한계가 있어서, 현재 시점에서 필요하다고 느껴 제안하는 신제품이나 서비스의 아이디어는 다음에 바뀔 확률이 높다고 봤다. 그러나 우리가 아이디에이션 단계에 사용자를 참여시키는 것은 이들이 유용하다고 생각하는 해결책을 도출하기 위해서다.

디자인 역량과 상관없이 사용자의 참여는 의미가 있다.

사용자를 참여시켜 아이디에이션을 진행하는 경우, 디자이너의 퍼실리테이터facilitator로서의 역할은 매우 중요하다. 무엇보다 사용자는 아이디어를 도출하는 데에 익숙하지가 않다. 사용자의 아이디어를 시각화해 줄 수 있는 디자이너가 옆에서 도움을 줄 수 있다면 매우 효과적이다. 아이디어를 시각화하는 것은 단순히 생각을 표현하는 것에 그치지 않는다. 시각화된 이미지는 다시 우리의 생각을 자극하기 때문에 아이디어를 발전시켜 나가는 데에 필수적이다. 사용자는 자신의 아이디어가 시각화되는 것을 보면서 또다시 새로운 아이디어를 떠올릴 것이다.

사용자가 아이디어를 끌어내는 과정에서 자주 발생하는 문제가 있다. 사용자의 입장에서 필요한 해결책을 도출하는 것이 아니라, 기업의 입장에서 필요한 해결책을 도출하려고 한다는 것이다. 아이디에이션에 초대된 사용자는 기업을 위해서 아이디어를 낸다고 생각하고 기업을 대변하는 사람으로 자신을 인식한다.

문제를 해결하기 위해 사용자 참여 아이디에이션에 관한 실험을 진행했다.[29] 실험은 디자이너 2명과 일반인 2명으로 구성된 6팀이 팀 단위로 아이디에이션을 진행하는 것이었다. 이때 디자이너에게 세 가지 서로 다른 퍼실리테이터로서의 역할을 부여했다. 하나는 아무 역할도 하지 않는 것이고, 다른 하나는 반복적으로 참가자의 의견을 종합하는 것이고, 나머지 하나는 사용자의 입장에서 아이디어를 도출하도록 장려하는 것이었다. 실제 현장에서는 디자이너가 아무 역할도 하지 않는 경우가 가장 일반적이다. 디자이너가 모든 참가자의 의견을 종합하는 경우는 산발적인 아이디어가 합쳐질 때 좋은 아이디어가 만들어진다는 기존의 이론에 근거한 것이다. 디자이너의 역할에 따른 아이디어의 독창성과 유용성을 비교한 결과, 사용자의 입장을 강조한 경우가 다른 두 경우보다 평균값이 높게 나타났으나 유의미한 차이가 있지는 않았다. 그러나 총 10점에서 7점 이상을 받은 최상위 아이디어 11개는 1개를 제외하고 10개가 모두 디자이너가 퍼실리테이터의 역할을 수행한 경우로 나타났다. 5개는 참가자의 의견을 종합한 경우, 나머지 5개는 사용자의 입장을 강조한 경우였다. 이는 사용자 참여 디자인에 있어서 아이디어의 퀄리티를 높이기 위해 디자이너가 아무런 개입도 하지 않기보다는 퍼실리테이터의 역할을 적절하게 수행하는 것이 필요하다는 사실을 보여 준다.

나 자신을 벗어나라

해결책을 만들 때 가장 주의해야 할 점은 초기 아이디어에 집착하는 것이다. 문제를 해결하는 자신만의 방식을 갖고 있는 디자이너는 전혀 성격이 다른 문제도 같은 방식으로 문제를 해결하려고 하는 성향을 보인다. 이런 고착화 현상design fixation 은 창의적 해결책을 도출하는 것을 방해한다. 일반적으로 전문가들은 유연성이 낮다. 따라서 자신의 기존 지식이나 경험의 테두리 내에서 해결책을 도출하고자 하며, 자신의 초기 아이디어에 집착하는 성향을 보인다.

모든 디자이너가 고착화의 유혹에 빠진다. 가장 대표적인 것이 '상사의 취향'과 '히트작의 모방'일 것이다. 흔히 우리는 직장 내 의사 결정권자를 '내부 고객'이라고 칭하고 이들을 설득하기 위해 노력한다. 기업에서 일하는 인하우스 디자이너는 상사의 취향과 관심사를 반영하고, 디자인 에이전시의 디자이너는 클라이언트의 취향과 관심사를 반영해 그들을 설득하기 위한 디자인을 한다. 그러나 이것은 매우 위험하다. 디자인의 성패를 좌우하는 것은 고객이다. '내부 고객'과 '외부 고객'의 구분은 없다. 디자이너에게는 오직 '고객'만이 존재한다. 디자인이 잘못된 것인지, 설득의 방법이 잘못된 것인지 고객의 입장에서 문제의 원인을 분명하게 파악해 대응할 수 있어야 한다. 모든 장애물을 넘더라도 마지막 순간 고객에게 선택받지 못한다면 그 디자인은 아무런 의미가 없다.

'히트작의 모방'은 모든 기업이 겪는 딜레마다. 경쟁사의 히트작이 시장에 나오면 기업은 '벤치마킹'이라는 명목하에 이를 모방하려는 유혹에 빠진다. 2007년 아이폰이 세상에 처음 나왔을 때도 그랬고, 2010년 아이패드가 처음 나왔을 때도 그랬다. 탁월한 제품을 보면 그것이 너무 강하게 뇌리에 남아 의도했건 의도하지 않았건 그와 비슷한 아이디어들이 떠오르게 된다. 모방을 종용하는 문화에서야 별문제가 없겠지만, 그렇지 않을 경우 아이디어의 고착화를 벗어나기 위해 노력해야 한다. LG전자와 함께 태블릿 PC 제품을 기획할 때, 고객 조사 결과를 자세히 검토하고 아이패드와의 차별점을 중심으로 아이디어를 전개했다. 예를 들어 아이패드의 경우 당시 집에서 미디어를 시청하는 용도로 주로 사용됐다. 이와는 다른 방향으로 '슬림 오피스slim office'라는 디자인 테마를 만들었다. 이후 업무용 기능을 중심으로 아이디어를 발전시켰다. 고착화를 피하고자 의도적으로 차별점을 부각하는 전략이다.

디자인 고착화는 어떨 때 발생할까?[30] 먼저 디자인과 관련한 제반 환경에 의해서다. 시간과 예산이 빠듯해 빨리 결과물을 도출해야 한다는 압박감이 있을 때 디자인 고착화가 발생한다. 빠르게 해결책을 만들려는 성급함은 문제를 깊이 있게 탐구해 기존과 다른 새로운 해결책을 만들어 내는 심리적 여유를 허용하지 않는다. 조직이 리스크에 예민하고 최고 수준의 해결책보다는 중간 수준의 해결책에 만족할 때도 디자인 고착화가 일어난다. 조직이 실패를 두려워할 경우, 디자이너는 새로운 시도에 부담을 느끼며 기존의 성공 사례를 벤치마킹해 적절한 수준의 디자인 해결책을 제안하게 된다. 또한 클라이언트가 특정 디자인에 호감을 나타내거나 디자인 과제에 있어서 기술적인 제약 사항이 많은 경우에도 디자인 고착화가 일어난다. 디자인 해결책의 장단점을 명확하고 객관적으로 지적하는 것은 바람직하나, 특정 디자인을 모범 사례로 비교하는 것은 고착화로 이어질 수 있다. 기술의 구현 가능성이 검증되지 않았을 경우에도 디자이너는 기존의 방식대로 안전한 디자인 해결책을 제안하려는 유혹에 빠진다. 마지막으로 실패를 허용하지 않고 비판적이며 책임을 한 명에게 떠넘기는 조직 문화도 디자인 고착화를 유발한다. 디자이너는 모두가 받아들일 수 있는 안전한 해결책을 도출함으로써 위험 부담을 줄이고자 한다. 혁신적인 디자인은 협업하고 함께 책임을 짐으로써 심리적 안정이 보장된 문화에서 이루어질 확률이 높다.

개인적 차원에서는 이전에 실패한 경험이 고착화에 영향을 미친다. 자신이 디자인한 제품이나 서비스가 실패했을 경우, 디자이너는 또다시 실패할지도 모른다는 두려움 때문에 익숙하고 안전한 해결책을 추구하게 된다. 과거 경험으로부터 본능적으로 느껴지는 두려움에서 벗어나기 위해 디자이너는 문제의 본질을 더 깊이 이해하고, 다양한 해결 가능성을 탐색하며, 주변의 사람들에게 조언을 구해야 한다. 고착화는 성공적인 디자인 해결책을 제시하지 못한다는 사실을 명심하고 자신의 두려움을 스스로 극복할 수 있어야 한다. 디자이너 개인의 차원에서는 다양한 경험을 하는 것이 고착화를 막는데 효과적이다. 너무 오랜 기간 한 제품이나 서비스만을 지속해서 디자인할 경우 관성에 빠지기 쉽다.

고착화의 해결책으로 다른 대상이 돼 아이디어를 끌어내는 방법이 있다. 온라인 쇼핑 분야에서 일한다면, 온라인 쇼핑과는 전혀 상관없는 다른 기업을 상상하며 아이디어를 만들어 보는 것이다. '테슬라라면 어떻게 했을까?', '스타벅스라면 어떻게 했을까?', '애플이라면 어떻게 했을까?' 우리는 자신이 종사하는 분야의 접근법에는 익숙하다. 그러나 전혀 다른 분야의 사람들이 가지고 있는 기술, 지식, 노하우는 잘 알지 못한다. 다른 분야에서 혁신을 이룬 기업을 떠올리며 고정 관념을 탈피해 새로운 가능성을 탐색해 보는 방법을 추천한다.

조직 문화 차원에서도 디자인 고착화를 예방할 수 있다. 먼저 다양한 디자인 해결책에 대해 개방적인 태도를 취하고, 아웃 오브 박스out of box의 사고를 유도하는 방법론을 활용하는 것이다. 기존의 방식대로 문제를 해결하거나 개선하려고 하면 굳어진 사고에서 벗어나기 어렵다. 따라서 의사 결정 권자는 아이디에이션 초기 단계에 나타나는 혼란스럽고 모호한 상태를 인내심을 가지고 받아들일 수 있어야 한다. 낯설고 도전적인 아이디어도 적극적으로 장려해야 한다.

다음으로 프로젝트를 중심으로 하는 수평적인 조직 문화를 형성하고 퍼실리테이터의 역할을 강조해야 한다. 상하 위계질서가 분명한 조직에서는 자유로운 토론이 어렵고, 의사 결정이 아이디어보다는 사람 중심으로 이루어진다. 따라서 프로젝트 중심의 조직을 구성함으로써 민주적이고 협력적인 방식으로 해결책이 나올 수 있는 환경을 구축해야 한다. 또한 프로젝트를 운영하는 퍼실리테이터는 상하 위계질서에 상관없이 모든 사람이 적극적으로 참여하고 의사 결정을 내릴수 있도록 조정자의 역할을 다해야 한다. 권위주의적인 성격이 강한 우리나라의 기업 환경에서는 이러한 문화가 형성될수 있도록 더욱 세심한 주의가 필요하다.

공동의 책임을 강조하는 탄탄한 팀워크 중심의 업무 수행 방식도 중요하다. 개인의 지식과 경험은 제한적이다. 개인이 주도적으로 디자인 해결책을 낼 경우, 편협한 결과물이 나올 확률이 높다. 다양한 분야의 사람들이 함께 아이디어를 내고, 아이디어에 대해서 서로 다른 관점의 솔직한 의견을 공유하면 기대를 뛰어넘는 참신하고 유용한 디자인 해결책이 나올 수 있다. 많은 학자는 아이디어를 내는 과정에서 비판을 자제하고 최대한 많은 수의 아이디어를 도출하라고 이야기한다.[31] 《오리지널스Originals》의 저자 아담 그랜트Adam Grant는 진정한 혁신은 프로젝트 팀원 간에 확고한 신뢰와 존중을 바탕으로 솔직하고 자유로운 의견을 교환할 때 가능하다고 이야기한다. 리뷰와 비판을 하기 적정한 시점이 있겠지만, 프로젝트에 참여하는 팀원들은 프로젝트를 성공시키겠다는 목표 아래 강력한 팀워크를 바탕으로 진정으로 서로 믿고 대화할 수 있어야 한다.

　디자인 고착화를 막는 마지막 방법은 프로토타입을 만들고 테스트를 진행하면서 아이디어를 발전시키는 것이다. 새로운 아이디어를 끌어내는 것에 집착하는 것이 아니라 사용자의 니즈를 충족시킬 수 있는 아이디어를 도출한 후 시제품을 제작하고 테스트를 반복함으로써 아이디어를 발전시키는 것이 중요하다. 이러한 과정을 통해 다듬어진 최종 디자인은 초기의 아이디어와는 다른 완성도 높은 새로운 해결책이 된다. 사람의 인지 능력에는 한계가 있다. 프로토타입은 이 한계를 극복하게 해준다. 아이디어를 직접 그리거나 만들어 보면 우리의 정신과 시각화된 프로토타입이 상호 작용을 일으킨다. 머릿속으로만 떠올릴 때보다 무엇이 문제인지 잘 깨달을 수 있다. 프로토타입 제작과 테스트는 상당한 시간과 비용이 필요하기 때문에 생략되는 경우가 많다. 그러나 새로운 디자인 해결책일수록 프로토타입 제작과 테스트는 필수적이다. 이 과정을 최종 디자인 해결책을 도출하기 위한 아이디어 발전 과정으로 인식하고 전체 프로세스의 일부분으로 받아들여야 한다.

아이디어 고착화는 아마추어든 프로든 디자이너가 매 프로젝트에서 경계해야 하는 이슈다. 아이디어에 대한 고착과 집착은 결국 자기 자신 안에 갇혀 있을 때 생긴다. 의도적으로 생각을 외부로 전환해야 한다. 첫 번째 외부는 고객이다. 고객의 니즈에 집중해서 아이디어를 이끌어 내야 한다. 모방하고 싶은 선례에서 벗어나는 유일한 방법은 고객을 떠올리는 것이다. 두 번째 외부는 주변 사람이다. 아이디어와 콘셉트가 도출된 후에는 고객, 동료, 이해관계자 등 가능한 모든 주변 사람의 의견에 귀 기울여야 한다. 대부분의 경우 주변 사람은 자신이 생각하지 못했거나 인정하고 싶지 않은 부분에 대해 예리하고 정확한 피드백을 준다. 이처럼 아이디어 도출의 단계에서는 유연하게 생각을 전환해야 한다.

일단 만들고, 검증하라

프로토타입의 정의는 매우 다양하다. 아이디어가 머릿속에 떠오르는 순간부터 완성품으로 만들어지기까지 만들어지는 모든 모형이 프로토타입에 해당하기 때문이다.

비쉬 크리쉬난Vish Krishnan과 칼 울리히Karl Ulrich는 프로토 타입을 "시장의 기회를 판매 가능한 제품으로 전환하는 것"이 라고 정의한다.[32] 프로토타입은 제품이나 서비스 개발의 전 과 정과 관련 있으며, 매 단계 서로 다른 목적으로 만들어지기 때 문에 사람들은 자신이 속한 산업 분야와 전체 개발 과정에서 맡은 역할에 따라 프로토타입을 다르게 인지한다.

과거 진행했던 가장 간단한 프로토타입은 스마트폰 스 크린 사이즈다. 스마트폰이 등장하면서 키패드가 사라지고 화면 전체가 터치스크린으로 바뀌었다. 화면이 클수록 사용 이 편리하겠지만, 손에 들고 다녀야 하니 무작정 커질 수는 없 었다. 이때 사이즈에 대한 프로토타입 테스트를 진행했다. 당 시 핸드폰은 3인치 정도의 사이즈가 일반적이었고 아이폰이 3.5인치로 가장 컸다. 나무판을 4인치까지 다양한 크기로 잘 라 사람들에게 쥐여 주고 적정 사이즈를 선택하도록 했다. 사 람들은 3.5인치가 최대 사이즈고 더 커지면 안 된다고 응답 했다.

제품이나 서비스가 완성될 때까지 디자이너는 수많은

프로토타입을 제작한다. 진행했던 가장 복잡한 프로토타입은 GS홈쇼핑에서 일할 때 기획한 시니어 전용 온라인 쇼핑몰이었다. 쇼핑몰을 론칭하기 2주 전 베타 테스트beta test라고 부르는 비공개 테스트를 진행하고 문제점을 점검했다. 내부 직원만을 대상으로 쇼핑몰을 오픈하고 실제와 동일하게 제품을 판매해 봄으로써 서비스 전체 프로세스에 문제가 없는지 최종적으로 확인했다. 이후 베타 테스트를 통해 개발 과정에서 미처 발견하지 못한 문제를 찾아 수정하고 최종 론칭을 준비했다.

　　프로토타입은 반드시 형태가 있는 것을 의미하지는 않는다. 앞서 물리적physical 프로토타입과 디지털digital 프로토타입의 사례를 설명했다. 그러나 학교, 병원, 관공서 등은 무형의 서비스를 제공하며 이를 위한 프로토타입도 존재한다. 가장 대표적인 것이 롤플레잉role playing과 데스크탑 워크스루desktop walkthrough이다. 병원을 떠올려 보자. 간호사는 근무를 교대할 때 다음 간호사에게 환자에 대한 정보를 정확하고 효율적으로 전달해야 한다. 이처럼 인적 프로세스를 개선할 경우 프로세스를 디자인한 후에 간호사와 함께 롤플레잉을 진행하면서 프로세스가 제대로 작동하는지 검증한다. 또한 접수 - 대기 - 진료 - 수납 등 환자의 전체 의료 서비스 경험을 개선하고 병원의 공간을 디자인할 경우, 데스크탑 워크스루 프로토타입을 제작할 수 있다. 데스크탑 워크스루는 레고와 같은 모형을 가지고 전체 서비스를 시뮬레이션으로 구현해 보는 방법이다. 실물 디자인을 진행하기 전 문제점이 없는지 파악하는 데에 효과적이다.

　최근 들어 프로토타입은 혁신의 필수 요소가 되고 있다. 많은 연구자는 콘셉트가 불분명한 기획의 초반 단계, 즉 퍼지 프론트 엔드fuzzy front end 단계에서 다양한 기능적 프로토타입을 제작하는 것이 중요하다고 이야기한다. 프로토타입은 단순히 생각을 재현한 모형이 아니라 문제를 발견하고 새로운 영감을 얻는 학습의 수단이다.

　과거에는 창작에서 생각perception과 행동action이 분리되어 있다는 믿음이 있었다. 아리스토텔레스의 질료 형상 hylomorphic 이론에서 비롯됐는데, 최상의 창의적 활동은 정신에서 나오고 손은 정신이 지시하는 것을 구현하는 도구일 뿐이라는 것이다. 그러나 이는 손으로 표현하고 만드는 과정에서, 부가적으로 발생하는 학습과 변형의 가능성을 고려하지 않는 이론이다.

　문화 인류학 연구자인 팀 인골드Tim Ingold는 질료 형상 이론에 반해 형태 발생morphogenetic 이론을 주장했다.[33] 쉽게 말해 무엇인가를 직접 만들어 보면 내가 예상치 못했던 부분들을 발견하게 되고, 그 놀라움이 창의력을 자극한다는 것이다.

머리와 손이 함께 움직일 때 가능한 일이다. 우리는 만드는 과정에서 배우고, 변형하고, 다시 배우고, 다시 변형하면서 더 나은 결과물을 만들게 된다. 디자인의 초기 단계에 간단한 프로토타입을 제작하고 사용자의 입장에서 테스트를 진행하면서 지속해서 아이디어를 발전시키는 것이 창의적이고 성공 가능성이 높은 디자인 해결책을 도출하도록 돕는다는 것이다.

과거 디자인이 단순히 제품에 아름다움을 부여하는 것을 의미했을 때, 디자이너가 제작하는 프로토타입은 최종 생산 제품에 가까운 그럴듯한 모형, 즉 목업mock-up을 제작하는 것이었다. 그러나 디자이너가 제품과 서비스를 기획하고 개발하는 전 과정에 참여하게 되면서 디자이너가 제작하는 프로토타입의 종류와 의미는 달라지고 있다.

학계의 다양한 정의를 살펴보면 프로토타입은 크게 두 가지로 나눌 수 있다.[34] 아이디어를 시각화하는 모형과 생산을 검증하는 모형이다. 디자인 싱킹 프로토타입은 디자인에서 핵심적인 요소를 물리적 또는 디지털 형식으로 형상화하는 것이다. 초기 아이디어를 구체적인 형상으로 표현함으로써 고객과 이해관계자가 최종 제품이나 서비스를 상상할 수 있도록 해준다. 엔지니어링 싱킹 프로토타입은 실제 제품을 개발하기 위해 생산 이전 단계에서 제품의 속성을 파악하고 검증하는 것이다. 제품의 성능, 품질, 라이프 사이클, 생산에 대한 정보를 제공하는 역할을 한다. 엔지니어링 관점에서 프로토타입은 디자인의 생산 가능성을 검증하고자 제작하는 다양한 수준의 모형으로 생산 과정에서 발생 가능한 모든 위험 요소를 미리 파악해 제거하는 역할을 한다.

이 두 유형은 T 모델T-shaped model의 프레임워크로도 설명이 가능하다. T 모델의 수평축은 디자인 과정에서 다양한 가능성을 탐색하는 것을 의미하고, T 모델의 세로축은 개발 과정에서 디자인의 실제 구현 가능성을 실험하는 것을 의미한다. 디자이너는 T 모델의 수평축인 탐색적 프로토타입 exploratory prototype을 제작하고, 엔지니어는 T 모델의 수직축인 실험적 프로토타입experimental prototype을 제작한다. 과거에는 실험적 프로토타입만을 중시했는데, 최근에는 다양한 가능성을 살펴보는 탐색적 프로토타입의 중요성이 점차 부각되고 있다. 기술이 발달하면서 기술적 구현의 문제보다는 고객 기대의 충족 문제를 해결하는 것이 더 중요해졌기 때문이다.

세 가지 효과

프로토타입은 종류만큼 목적도 다양하다. 가장 중요한 목적은 학습learning, 의사소통communication, 일정 관리milestone 세 가지다.

먼저 학습 효과는 '제대로 작동하는가?'와 '사용자의 니즈를 얼마나 잘 충족하는가?'와 같은 질문에 답변을 얻기 위한 것이다. 핵심 기능이 의도된 대로 작동하는지 워킹 프로토타입을 통해 검증하기도 하고, 제품이 실제로 생산 가능한지 프리프로덕션 프로토타입preproduction prototype을 통해 살펴보기도 한다. 그뿐 아니라 사용자의 니즈가 제품이나 서비스의 기능, 형태, 사용성의 측면에서 잘 구현됐는지를 확인하기 위해 프로토타입을 제작하고 테스트를 진행한다. 문제점을 발견하고 개선하는 학습 효과다.

LG전자에서 태블릿 인터페이스 디자인을 할 때의 경험이다. 터치스크린에서는 PC에서와 같은 단축키를 사용할 수 없기 때문에 단순한 기능도 여러 스텝을 밟아야 하는 어려움이 있다. 우리는 터치하는 손가락의 수가 단축키처럼 특정 기능을 수행하도록 디자인했다. 한 손가락으로 화면을 톡 치면 화면이 확대되고, 두 손가락으로 화면을 톡 치면 화면이 축소되어 여러 화면을 동시에 보여 주는 인터페이스를 디자인했다. 새로운 터치 인터페이스에 기대가 컸지만, 프로토타입 테스트를 진행해 본 결과 정작 사용자는 전혀 편리함을 느끼지 못했다. 새로운 인터페이스의 경우 사용자가 학습할 수 있도록 두세 번 정도 반복해서 테스트를 진행하는데, 그런데도 사용자가 기억하지 못하면 이는 직관적이지 못한 인터페이스

나. 우리의 새로운 인터페이스는 전혀 학습되지 않았고, 결국 아이디어를 폐기해야만 했다. 이처럼 프로토타입은 사용자의 시선으로 디자인을 볼 수 있는 학습의 기회를 제공한다.

다음으로 프로토타입의 의사소통 효과는 최고 경영자, 생산자, 파트너, 유관 부서, 고객, 투자자 등 다양한 이해관계자와 더 깊고 풍부한 의견 교환이 가능하도록 하는 것이다. 아이데오의 데니스 보일Dennis Boyle은 "프로토타입 없이 고객 미팅에 가지 말라"고 할 정도로 의사소통을 위한 프로토타입의 중요성을 강조했다. 구체적 대상이 없으면 서로 이해하는 바가 다를 수 있고 합의점에 이르기도 어렵다. 프로토타입을 통해 피드백을 교환하고 요구 사항을 조율하는 것은 모든 이해관계자를 만족시키는 데 매우 중요하다.

실제 이미지를 보지 않으면 사람들의 상상은 제각각 다를 수밖에 없다. 대화를 통해 서로 충분히 이해했다고 생각하지만 실제로는 전혀 그렇지 않을 수 있다. 스케치나 프로토타입과 같은 시각적 자료를 통해서 생각의 차이를 줄여 나가야 한다. 초기 아이디어를 낮은 완성도의 프로토타입으로 보여주는 데에는 사실 큰 용기가 필요하다. 아이디어 자체보다는 프로토타입의 수준에 따라 아이디어를 평가할지도 모른다는 두려움 때문이다. 함께 문제를 해결해 나가는 수평적 문화가 아니라 결과를 중심으로 평가하는 수직적 문화에서 비롯된 잘못된 관행이다. 실리콘밸리에서 강조하는 '빨리 실패하라 fail fast'와 같이 프로토타입을 통해서 빨리 문제점을 파악하는 것이 나중의 실패를 막는 최선의 방법이다.

혁신적인 제품이나 서비스의 경우 프로토타입은 의사소통에 더욱 중요하다. 경험해보지 못한 제품이나 서비스를 말로만 듣고 상상하기는 힘들다. 해당 분야의 전문가가 아니면 더 어렵기 때문에 고객, 파트너, 투자자를 만날 때에는 반드시 프로토타입을 준비해야 한다. 또한 혁신적인 제품이나 서비스의 경우 큰 변화를 전제로 하므로 조직의 반대에 부딪치기 쉽다. 이럴 경우 프로토타입 테스트를 통해 효과를 검증하는 것도 설득을 위한 효과적인 방법이다. 미국 모나쉬 병원 Monash Health의 텔레케어telecare 서비스가 대표적인 사례다.[35] 모나쉬 병원의 돈 캄프벨Don Campbell 교수는 병원 입원이 잦은 고위험군의 환자에게 전화 돌봄 서비스를 제공함으로써 집에서 환자가 최대한 건강을 관리할 수 있도록 하는 방안을 제안했다. 그러나 문제는 의료 전문가를 고용해서 이러한 서비스를 제공하기에는 비용 부담이 너무 크다는 것이었다. 그래서 상대적으로 인건비가 저렴한 일반인을 고용해, 기본적인 의료 기술과 공감을 교육하고 필요할 경우 의사 결정 시스템 및 전문적 코칭을 지원하도록 했다. 병원 의료진은 의료 전문가가 아닌 일반인이 의료 전문 서비스를 제공하는 것에 반대했다.

돈 캄프벨 교수는 포기하지 않고 자신의 아이디어를 300명의 환자에게 테스트했다. 결과는 매우 긍정적이었다. 환자의 만족도는 매우 높았으며 응급실 방문율과 병상 사용률은 모두 현저하게 낮아졌다. 이러한 실험적인 프로토타입 테스트는 주변 사람들을 설득하는 데에도 매우 효과적이다.

마지막으로 프로토타입의 일정 관리 효과는 제품 개발의 마지막 단계에서 진행 상황을 점검하고 스케줄을 관리하기 위한 것이다. 제품이나 서비스의 출시 시점을 기준으로 생산과 개발의 각 단계가 일정에 맞춰 진행될 수 있도록 구체적인 목표를 설정하고 프로토타입을 제작해 봄으로써 전체 일정을 관리할 수 있다. 이처럼 프로토타입은 제품이나 서비스의 시장 성공 가능성을 높이기 위해 고객, 기술, 비즈니스의 관점에서 시뮬레이션의 용도로 활용된다. 현재와 같이 불확실성이 높은 비즈니스 환경에서 프로토타입은 제품이나 서비스의 성공 확률을 높이는 가장 믿을 수 있는 수단이다.

여러 기업이 참여해 제품이나 서비스를 개발할 경우 일정 관리는 더욱 중요하다. 특히 론칭 시점 조정이 불가능할 경우 프로토타입을 제작하면서 개발 오류를 꼼꼼하게 점검해야 한다. 10여 년 전.미국 NBC방송국, 콘텐츠 제작자, 광고주와 함께 스마트 TV 양방향 서비스를 개발했다. 요리 방송 컨텐츠에 검색, SNS 콘텐츠, 광고를 함께 실시간으로 제공하는 최초의 시도였다. 먼저 다양한 업체들이 콘텐츠를 활용해 부가적인 서비스를 제공하는 과정에서 발생할 수 있는 법적 이슈를 명확히 해야 했다. 다음으로 서로의 개발 프로세스와 개발 기간을 이해해야 했다. 모든 개발이 꼬리에 꼬리를 무는 방식으로 진행되었기 때문에 오류나 지연이 발생하지 않도록 주의해야 했다. 참여 기업들은 매주 두 차례씩 서울과 뉴욕을 잇는 화상 회의로 미팅을 하면서 서로의 프로토타입을 결합하는 과정에서 발생하는 문제점을 논의했다. 개발 과정에서는 예상치 못한 문제가 발생하는데, 이때 디자이너는 고객의 우선순위를 고려해 적절한 의사 결정을 내려야 한다. 프로토타입 제작은 매우 성공적이었고, 해당 서비스는 진화를 거쳐 지금까지도 계속되고 있다. 산업의 특성에 따라 기업 문화가 다르기 때문에 여러 기업이 함께 개발을 진행할 때에는 서로를 존중하고 배려하는 자세가 반드시 필요하다. 이를 해결해 주는 것이 바로 프로토타입이다.

빨리, 단순하게

제품이나 서비스 기획 초기 단계의 디자인 싱킹 프로토타입은 어떻게 만드는 것이 효과적일까? 결론적으로 말하면, 초반에, 자주, 단순하게, 낮은 완성도로 제작하는 것이 바람직하다. 최근 연구는 급진적 혁신을 이루기 위해서 디자인 프로세스의 초기 단계에 기능적 프로토타입을 많이 제작할 것을 강조한다. 프로토타입을 만드는 것이 성가시고 귀찮게 여겨질수 있지만, 이러한 과정이 최종 결과물의 퀄리티를 높이는 데는 매우 효과적이다. 프로토타입을 매개로 팀원들은 아이디어에 대해 더 많이 토론하게 되고, 기술과 기능의 한계를 극복하는 더 좋은 해결책을 만들도록 이끌기 때문이다.

또한 프로토타입이 간단하면 간단할수록 최종 결과물의 퀄리티는 좋아진다. 이것은 두 가지 의미로 해석할 수 있다. 하나는 단순한 프로토타입이 복잡한 프로토타입보다 아이디어를 이해하고 테스트를 진행하는 데에 효과적이라는 것이다. 다른 하나는 단순한 프로토타입은 좋은 디자인의 부산물로서 그 자체로 좋은 결과물이라는 것이다.

MIT 디자인 랩 교수인 마리아 양Maria Yang은 프로토타입의 복잡한 정도와 최종 결과물의 퀄리티의 상관관계에 대한실험을 진행했다.[36] 그 결과 프로토타입을 구성하는 파트의개수가 작을수록 최종 결과물의 퀄리티는 높게 나타났다. 단순함simplicity의 힘이다. 단순함은 디자인이 추구하는 핵심적인가치로서 프로토타입이 단순하다는 것은 그만큼 좋은 해결책을 도출하기 위해 많이 고민했다는 것을 의미한다. 디자인의초기 단계에 많은 시간을 할애해 단순한 디자인을 도출하고,그에 따라 단순한 프로토타입을 제작하는 것이 최종적으로 더 좋은 디자인 결과물을 보장한다.

결론적으로 기능과 형태는 간단할수록 좋다. 아마추어 디자이너의 디자인은 기능도 복잡하고 형태도 복잡하다. 핵심적인 기능 하나로 승부를 보기 두려워서 여러 기능을 보너스로 추가한 듯한 느낌이 든다. 한식도 잘하고 양식도 잘하고 중식도 잘하는 '맛집'은 없다. 핵심적인 기능에 집중하고 그 기능을 최대한 사용하기 쉽고 단순하게 만들어야 한다. 디자인할 때는 덜어 내는 연습을 해야 한다. 디자이너의 눈에는 모든 게 의미 있고 좋아 보이지만, 고객은 너무 많아서 하나도 제대로 보지 못할 수 있다. 디자인 콘셉트를 한 문장으로 쉽게 설명할 수 있을 때까지 단순화시켜야 한다. 형태도 마찬가지다. 우리의 눈과 뇌는 단순한 것을 선호하도록 프로그래밍되어 있다. 그것이 훨씬 효율적이기 때문이다. 디테일의 완성도가 높아야 형태가 단순해진다. 디자인 싱킹은 확산과 수렴을 반복하는 행위다. 이러한 반복은 최적의 디자인을 완성하기 위한 기나긴 여정이다. 불투명하고 칙칙한 원석이 빛나는 다이아몬드가 되기 위해 모든 불필요한 부분을 깎아 내는 과정이다.

그렇다면 프로토타입의 완성도는 테스트에 어떤 영향을 미칠까? 낮은 완성도의 프로토타입이 더 효과적일까? 아니면 높은 완성도의 프로토타입이 더 효과적일까? 여러 연구지는 낮은 완성도와 높은 완성도를 비교하는 실험을 진행했다.[37] 프로토타입의 완성도가 낮은 경우, 사용자들은 더 솔직하고 정확한 피드백을 주는 것으로 나타났다. 프로토타입의 완성도가 높을 경우, 사용자들은 디자이너가 듣기 좋은 답변을 줄 확률이 높아진다. 완성품과 같이 잘 만들어진 프로토타입에 대해 부정적인 의견을 주는 것은 심리적으로 매우 불편하다. 그러나 예외적인 경우가 있다. 그것은 디자인의 심미성을 평가할 때다. 이 경우에는 완성도가 높은 프로토타입이 디자인을 평가하는 데에 더 정확하고 효과적이다. 결론적으로 기능과 사용성의 평가에서는 낮은 완성도의 프로토타입이 효과적이고, 형태와 심미성의 평가에서는 높은 완성도의 프로토타입이 효과적이다.

하나의 제품 또는 서비스를 기획하고 디자인하는 긴 여정에 대한 이야기가 끝났다. 처음 디자인 싱킹 방법론을 적용해 프로젝트를 진행한 것이 2007년이니 벌써 15년 정도의 세월이 흘렀다. 1990년경 미국에서 만들어진 이 방법론이 외국계 디자인 컨설팅 회사를 통해서 한국의 대기업에 전파된 때가 2000년 중반 무렵이었던 것 같다. 처음 접한 디자인 싱킹 방법론은 매우 낯설었지만, 흥미로웠다. 새로운 제품과 서비스를 기획하는 것은 쉽지 않은 일인데 디자인 싱킹 방법론을 적용해 보니 어느새 눈앞에 기대하지 않은 새로운 결과물이 놓여 있었다. 자신감도 생겼고 방법론에 대한 신뢰도 생겼다. 그후 디자인 싱킹 방법론을 사용해 다양한 산업 분야의 제품과 서비스를 기획했다. 매번 새로운 것들을 만들어 냈지만, 세상의 빛을 본 것도 그렇지 못한 것도 있다.

경험에 비추어 볼 때 디자인 싱킹 방법론은 네 가지 장점이 있다. 첫째, 전형적인 문제 해결 방식을 탈피한다. 우리는 좌뇌 중심의 사고를 한다. 특히 기업에서는 모든 문제를 이성적, 객관적, 효율적 사고에 근거해 해결한다. 그러나 기업이 생산하는 모든 종류의 제품과 서비스는 결국 인간에 의해 소비되고 사용된다. 인간과의 상호 작용을 고려할 때 모든 문제는 좌뇌의 영역에 국한되지 않는다. 인간은 이성적일 뿐 아니라 감성적인 존재이기 때문이다. 이성만 강조하면 우리는 문제를 발견하고 해결하는 과정에서 절반의 기회를 놓치게 된다. 디자인 싱킹 방법론은 이성적 사고와 감성적 사고를 조화롭게 활용하도록 유도한다. 공감하기 단계에서는 감성적 사고를 강조한다. 고객의 상황과 경험에 깊이 몰입하도록 한다. 정의하기 단계에서는 문제의 본질을 규명하고 우선순위를 도출하는 이성적 사고를 강조한다. 디자인 테마는 디자이너의 주관적 해석과 관점에 의해서 결정되지만, 도출된 디자인 테마는 모든 사람이 수긍하고 공감할 수 있는 타당성을 획득해야 한다. 이성적 사고에 기반해 해결책의 방향성을 결정하는 것이다. 아이디어 도출하기 단계에서는 이성적 사고에 기반한 직선적 사고에서 탈피해 직관적 사고를 중심으로 한 수평적 사고를 강조한다. 기존의 문제 해결 방식에서는 상상할 수 없었던 극단적인 가능성을 쏟아 냄으로써 새로운 해결책을 모색한다. 프로토타입 제작하기와 테스트하기 단계에서는 최선의 해결책을 중심으로 구현 가능성을 검토한다. 모든 다양한 시도가 최종 결과물로 응집된다. 이처럼 디자인 싱킹 방법론은 확산과 수렴의 과정을 반복하며 최적의 해결책을 도출할 때까지 인간의 우뇌와 좌뇌를 최대한도로 활용한다.

둘째, 조직의 의사소통 장벽을 없앤다. 디자인 싱킹은 디자이너만을 위한 방법론이 아니다. 디자인 싱킹 방법론을 활용한 혁신은 다양한 부서의 사람들이 함께 참여해 협업할 때만 가능하다. 한 부서가 단독으로 제품이나 서비스를 만들어 낼 수는 없다. 기획, 디자인, 개발, 마케팅에 이르기까지 다양한 부서의 사람들이 함께 공감하고 협의를 이룰 때 제품이나 서비스의 성공적인 출시가 가능하다. 그러나 대부분의 기업에서는 순차적으로 업무를 진행하는 전통적 워터폴waterfall 방식을 따른다. 이러한 방식은 부서 이기주의를 뜻하는 사일로silo 현상을 야기하며 결국 기업의 혁신과 효율을 저해한다. 디자인 싱킹은 기업 내 다양한 부서가 함께 문제를 해결할 것을 강조한다. 고객으로부터 상대적으로 멀리 떨어진 개발팀의 경우 고객의 니즈를 제대로 파악하지 못할 수 있다. 엔지니어를 설득하는 가장 좋은 방법은 고객 조사에 동참하도록 하는 것이다. 동참이 어려우면, 고객 조사의 영상을 보여 주는 것도 효과적이다. 개발의 리스크가 클 경우 엔지니어는 이를 회피하려는 성향이 강한데, 이를 극복하는 가장 좋은 방법은 고객의 니즈를 인지함으로써 스스로 개발의 타당성을 인정하도록 하는 것이다. 또한 아이디어 도출하기의 단계에서는 프로젝트와 직간접으로 연관된 많은 사람을 참여시키는 것이 효과적이다. 아이디어를 내 봄으로써 가능한 해결책을 스스로 상상할 수 있으며, 비록 자신의 아이디어가 선택되지 않더라도 최종 디자인에 대한 주인 의식을 갖고 끝까지 책임을 다하게 된다. 특히 의사 결정권자를 참여시킬 경우 내부 의사 결정이 더 수월해진다. 다양한 부서의 사람들은 사고방식, 문화, 언어, 업무 스타일이 모두 다르기 때문에 협업은 번거롭고 힘들다. 그러나 그 과정에서 예상하지 못한 관점, 아이디어, 해결책이 나온다. 아리스토텔레스의 말처럼 "인내는 쓰다. 그러나 그 열매는 달다."

셋째, 설득을 위한 도구다. 디자이너가 도출한 해결책은 창의적이라는 평가를 받음에도 불구하고 문제를 해결하는 프로세스가 명쾌하지 않아 인정받지 못했다. 디자이너적 사고방식designerly ways of thinking이라고 불리던 모호한 디자인 프로세스는 디자인 싱킹 방법론이 체계화되면서 마침내 명확해졌다. 설득은 논리를 바탕으로 이루어진다. 논리가 뒤따르지 않을 경우, 생각이 비슷한 몇 명은 설득할 수 있을지 모르지만 많은 사람을 설득하는 것은 불가능하다. 디자인 싱킹 방법론은 문제를 창의적으로 해결하는 것을 도와줄 뿐만 아니라, 해결책이 도출되는 과정을 논리적으로 설명해 준다. 논리만으로 최적의 디자인 해결책을 만들어 낼 수는 없지만, 논리가 없는 디자인 해결책은 신뢰를 주지 못한다. 따라서 디자인 싱킹의 논리는 방법론 자체의 효과는 차치하더라도 설득을 위한 최선의 수단이다. 기업에서는 주로 정량 데이터에 기반한 의사 결정이 이루어진다. 그러나 데이터는 과거와 현재를 기반으로 만들어졌기 때문에 미래의 새로운 가능성을 탐색하는 데에는 한계가 있다. 디자인 싱킹은 새로운 가능성을 탐색하도록 하는 동시에 의사 결정의 근거를 제시해 준다. 디자인 싱킹은 디자인적 사고와 비즈니스적 사고를 결합한 통합적 사고다.

넷째, 심리적 안정을 제공한다. 앞에서도 언급했듯이 디자인 싱킹은 난해한 문제를 혁신적으로 해결하기 위해 필요한 방법론이다. 이러한 힘든 미션을 아무런 공식 없이 해결한다는 것은 불가능에 가깝다. 디자인 싱킹 방법론은 탁월한 디자이너들이 디자인 문제를 해결하는 과정을 관찰하고 연구해 방법론으로 체계화한 것이다. 이러한 검증된 방법론이 존재한다는 것은 문제 해결에도 도움이 될 뿐만 아니라 심리적으로도 큰 위안이 된다. 난해한 문제와 혁신적 해결의 중간 과정은 깜깜한 터널과도 같다. 모든 것이 모호하고 불확실하다. 디자인 싱킹은 그 터널을 무사히 지날 수 있도록 도와주는 랜턴이라고 할 수 있다. 공식을 알 때와 공식을 모를 때 수학 문제를 해결할 수 있는 실질적 가능성과 심리적 자신감은 하늘과 땅 차이다. 공식을 주지하고 차근차근 대입하면 문제를 해결할 확률이 훨씬 높아진다. 그렇다고 틀릴 확률이 없는 것은 아니다. 디자인 싱킹을 계속해서 연구하고 이 책을 쓴 이유이기도 하다.

디자인 싱킹 방법론은 프로세스의 큰 흐름에 대해서는

매우 명쾌하지만, 세부 적용 방법에 대해서는 자세하게 설명해 주지 않는다. 그렇기 때문에 디자인 싱킹 방법론을 처음 접하는 사람들은 전문가의 정확한 가이드가 없다면 방법론을 적용해 의미 있는 결과물을 도출하는 데 어려움을 겪을 것이다. 이러한 이유로 디자인 싱킹 방법론을 폄하하고 불신하는 사람도 많다. 이 책을 통해서 디자인 싱킹 방법론의 각 단계가 지닌 의미와 세부 적용 방법을 사례를 들어 최대한 알기 쉽게 설명하고자 했다. 공식을 안다고 해서 처음부터 문제가 완벽하게 해결되는 것은 아니다. 수학 문제를 풀 때와 마찬가지로 쉬운 문제부터 차근차근 접근해야 한다. 처음부터 어려운 문제에 대입하면 좋은 성과를 도출할 수 없을 뿐만 아니라 방법론 자체의 효용성을 의심하고 적대시하게 된다. 디자인 싱킹 방법론을 처음 접하는 사람들은 각 단계를 직접 체험해 보면서 자신의 것으로 소화해야 한다. 방법론 자체가 자신에게 익숙해져야만 문제의 특성과 상황에 맞게 효율적으로 적용할 수 있다.

　디자인 싱킹 방법론은 디자이너뿐만 아니라 우리가 모두 자신의 가정, 학교, 직장에서 발생하는 크고 작은 문제에 적용해 볼 수 있는 새로운 사고의 틀이다. 디자인 싱킹을 통해 성공한 비즈니스 사례로 에어비앤비Airbnb가 있다.[38] 로드아일랜드 스쿨 오브 디자인Rhode Island School of Design 출신의 디자이너

조 게비아Joe Gebbia와 브라이언 체스키Brian Chesky는 샌프란시스코의 값비싼 렌트비 때문에 어려움을 겪었다. 그들은 매년 샌프란시스코에서 열리는 디자인 페어 기간에 호텔 방을 구하기 어렵다는 사실을 깨닫고, 자신들이 거주하는 아파트에 에어 매트리스와 아침 식사를 제공해 돈을 벌 계획을 세웠다. 첫 손님을 받은 후 그들은 자신의 집의 유휴 공간을 활용해 돈을 버는 공유 숙박업의 사업 가능성을 예견했다. 이후 그들의 오랜 룸메이트였던 프로그래머 네이선 블레차르지크Nathan Blecharczyk와 함께 2008년 에어비앤비 사업을 시작했다. 예상과 달리 사업은 순탄하지 않았다. 누구로부터도 투자를 받지 못했다. 조 게비아는 사업 부진의 원인을 찾기 위해 사이트를 꼼꼼히 살피던 중 형편없는 사진이 문제라는 사실을 깨달았다. 호스트가 자신의 휴대폰으로 찍은 낮은 퀄리티의 볼품없는 사진은 사람들에게 호기심도, 신뢰감도 주지 못했다. 그들은 곧바로 카메라를 빌려 뉴욕으로 떠났다. 호스트를 방문해 사진 촬영을 한 후, 아마추어 사진을 전문적이고 아름다운 사진으로 교체했다. 일주일이 지나자 놀랍게도 매출은 두 배로 뛰었다. 사업 시작 후 8개월 만에 처음 있는 일이었다. 10년이 지난 2019년 에어비앤비는 43조 원 규모의 기업으로 성장했다.

에어비앤비는 디자인 싱킹을 지속해서 실행하고 있다.

신규 입사자는 입사 첫 주 에어비앤비를 직접 이용하고 고객의 입장에서 문제점을 찾아야 한다. 문제점이 발견되면 프레이밍framing과 리프레이밍reframing의 과정을 반복하면서 해결책을 도출한다. 의미 있는 해결책의 경우, 먼저 소규모 프로토타입 테스트를 진행해 본 후 결과에 따라 전체 서비스로 확장한다. 이것은 전형적인 디자인 싱킹 방법론의 프로세스다. 에어비앤비는 비즈니스 초기부터 데이터에만 의존하지 않고 실제 고객의 관점에서 문제점을 발견하고 테스트를 진행하면서 점진적으로 서비스를 개선하는 방법을 취해 왔다. 이것이 바로 에어비앤비가 서비스의 모든 접점을 직접 통제할 수 없는 상황에서도 서로 다른 인종과 문화적 차이를 극복하고 안전, 자유, 즐거움의 여행 경험을 제공할 수 있었던 원동력이다. 에어비앤비는 전 세계에 호스트와 게스트가 존재하며, 온라인과 오프라인이 결합한 매우 복잡한 서비스다. 복잡한 비즈니스의 구조적 문제를 에어비앤비는 지금도 디자인 싱킹을 통해 해결해 나가고 있다. 디자인 싱킹은 비즈니스에서부터 일상에 이르기까지 모든 문제에 적용할 수 있다.

한 공대 대학원생은 자신의 연구 주제를 선정하는 데 디자인 싱킹 방법론이 큰 도움이 될 것 같다고 했다. 디자이너나 유명 사업가가 아닌 일반인이 디자인 싱킹 방법론을 적용해 문제를 해결한 사례로 〈백종원의 골목식당〉이 가장 대표적이다.[39] 백종원은 문제가 되는 식당을 방문해 식당, 주방, 손님을 관찰하고, 직접 메뉴를 체험한 후, 식당 주인과 인터뷰를 진행한다. 현장에서 문제를 찾는 공감하기의 단계다. 문제에 공감해야만 해결하고자 하는 의지가 생기기 때문에 이 단계에서 백종원은 모니터 영상을 보여 주기도 하고 직접 체험해 보도록 하면서 식당 주인의 공감을 끌어낸다. 그 후 식당 주인과 함께 대화를 통해 해결해야 할 문제에 대해 합의한다. 정의하기 단계다. 해결해야 할 문제가 정해지면 식당 주인은 스스로 아이디어를 도출해 본다. 편안하고 유쾌한 분위기 속에서 이런저런 아이디어를 내고, 가능성이 있다고 판단될 경우 실제로 만들어 본다. 아이디어 도출하기와 프로토타입 제작하기 단계다. 그 후 본인들이 직접 테스트를 해 보고 손님에게 테스트하면서 아이디어를 개선해 나간다. 모두가 만족할 만한 해결책이 도출되지 않으면 다시 아이디어를 내고 프로토타입을 제작하고 테스트를 진행한다. 이러한 프로세스는 일상에서 문제 해결에 디자인 싱킹이 적용된 사례다.

왜 우리는 일상의 문제에 디자인 싱킹을 적용해 볼 필요가 있을까? 첫째, 일상에서 우리가 맞닥뜨리는 대부분의 문제는 사람과 연관되어 있다. 순수 과학 정도를 제외하고 대부분의 문제가 그럴 것이다. 디자인 싱킹 방법론은 인간 중심 디자인의 철학 아래 만들어진 방법론으로 인간에 대한 공감을 출발점으로 해결책을 도출한다. 따라서 최종 해결책은 탁상 공론에 의해 만들어진 비현실적인 것이 아니라 실제 문제에 대한 정확한 진단을 통해 만들어진 매우 구체적이고 실질적인 해결책이다.

둘째, 인간의 복합적 사고 능력을 흥미롭고 효과적인 방식으로 결합하고 있다. 인간은 이성과 감성, 논리와 직관, 추론과 상상 등 다양한 능력을 보유하고 있으며, 이러한 능력은 각각 장점을 지닌다. 문제가 복잡하고 난해할수록 한 가지 사고 체계만으로 해결하는 데에는 한계가 있다. 우리의 학교 교육은 지나치게 이성적 사고만을 강조하였으나, 학교를 벗어나는 순간 맞닥뜨리는 현실의 문제는 이성적 사고만으로는 해결이 불가능하다. 이성과 감성, 논리와 직관, 추론과 상상의 능력을 적재적소에 적용한다는 것은 쉬운 일이 아니다. 그러나 디자인 싱킹 방법론은 문제를 해결하는 과정에서 이러한 우리의 복합적 능력을 쉽고 재미있고 효율적으로 적용할 수 있도록 도와준다.

셋째, 다양한 관점을 수용하는 것을 적극적으로 장려한다. 아무리 뛰어난 사람이라고 하더라도 한 사람이 가지고 있는 능력은 제한적이다. 더군다나 문제의 규모는 커지고 내용은 복잡해지는 작금의 상황에서 다양한 사람들 간의 협업은 더욱 강조될 수밖에 없다. 디자인 싱킹의 각 단계는 협업을 강조한다. 협업은 우리의 사고가 보다 복합적이고 창의적이며 현실적이 되도록 돕는다. 다양한 사람들의 의견을 들으면서 복합적인 시각을 갖게 되고, 서로에게 자극을 주고받음으로써 창의적인 해결책을 도출할 수 있게 된다. 또한 다양한 사람들의 전문성을 기반으로 해결책의 실현 가능성을 빠르게 검토할 수 있다. 단순해 보이는 문제라 하더라도 이제 협업은 선택이 아닌 필수가 되었으며 디자인 싱킹은 진정한 의미의 협업이 가능하도록 돕는다.

넷째, 실행과 성공의 가능성을 높인다. 실행하지 못하는 해결책은 무의미하다. 디자인 싱킹 방법론은 실행의 가능성을 높이는 해결책을 도출하도록 유도할 뿐만 아니라, 프로토타입과 테스트를 통해서 해결책을 빠르게 검증하도록 돕는다. 새로움은 설렘과 두려움의 감정을 동시에 수반한다. 실패에 대한 두려움으로 혁신적인 해결책을 포기하는 경우도 비일비재하다. 협업을 통한 공동의 책임은 두려움을 극복하도록 돕는다. 또한 다양한 형태의 프로토타입 테스트를 통해서 성공에 한 발짝 더 다가갈 수 있다. 디자인 싱킹 방법론은 실패의 두려움을 없애고 성공을 확신하도록 도와준다.

각 단계를 통해 궁극적으로 얻고자 하는 가치가 무엇인지를 이해할 때 방법론을 더 잘 적용할 수 있을 것이다. 방법론은 방법론 자체를 위해 존재하지 않는다. 우리가 얻고자 하는 최종 결과물을 위해 사용되는 도구일 뿐이다. 도구를 어떻게 잘 사용하는지는 사용자에게 달려 있다. 도구의 원리를 이해하고 사용법을 연마하면 누구든지 그것을 통해 좋은 결과물을 얻을 수 있을 것이다.

불편하고 불만족스러운 현재의 상태를 좀 더 나은 상태로 개선하기 위해 우리는 매일매일 크고 작은 노력을 한다. 지금 자신이 사용하고 있는 방법이 잘 작동한다면 문제가 없지만, 그렇지 않다면 디자인 싱킹 방법을 접목해 조금 더 수월하고 재미있고 효과적으로 문제를 해결할 것을 권한다. 디자인 싱킹은 복잡한 문제에 대한 혁신적 해결책을 제시해 주는 설득 프로세스다. 고정 관념에서 벗어나 문제를 생각하는 내 생각을 먼저 디자인해 보자.

주

1 _ Herbert Simon, 《The Sciences of the Artificial》, MIT Press, 1996, p. 111.

2 _ Horst Rittel and Melvin Webber, 〈Dilemmas in a General Theory of Planning〉, 《Policy Sciences》 4, 1973, pp. 155-169.

3 _ 진희선·최성태, 《범죄 예방 환경 설계(CPTED) 가이드라인》, 서울시 주거 환경 관리 사업, 2013, 7쪽.

4 _ 로저 마틴(김정혜 譯), 《생각이 차이를 만든다》, 지식노마드, 2008.

5 _ Donald Norman and Roberto Verganti, 〈Incremental and Radical Innovation: Design research vs. Technology and Meaning Change〉, 《Design Issues》 30(1), 2014, pp. 78-96.

6 _ Kees Dorst, 《Notes on Design: How Creative Practice Works》, BIS Publishers, 2017, pp. 7-15.

7_ 미국 사회적 기업 임브레이스 이노베이션(Embrace Innovations) 공식 홈페이지

8 _ 에이브러햄 매슬로(오혜경 譯), 《동기와 성격》, 21세기북스, 2009, 155-164쪽.

9 _ 헤더 프레이저(주재우·윤영란 譯), 《디자인 웍스》, 이콘, 2017, 65-68쪽.

10 _ 애덤 그랜트(홍지수 譯), 《오리지널스》, 2016, 28-31쪽.

11 _ Warren Berger, 〈Can You See the Opportunity Right in Front of You?〉, 《Harvard Business Review》, 2014. 3, pp. 2-4.

12 _ 로베르토 베르간티(김보영 譯), 《디자이노베이션》, 한스미디어, 2009, 89-118쪽.

13 _ 크리스티안 마두스베르그(김태훈 譯), 《센스메이킹》, 위즈덤하우스, 2017, 180-182쪽.

14 _ Jean Liedtka, 〈Why Design Thinking Works〉, 《Harvard Business Review》, 2018. 9-10, pp. 72-79.

15 _ 정재희, 〈디자이너의 공감 능력과 공감 시도가 디자인 결과물에 미치는 영향〉, 《산업디자인학연구지》 13(2), 2019, 71-82쪽.

16 _ Karina Shumann, Jamil Zaki and Carol Dweck, 〈Addressing the Empathy Deficit: Beliefs about the Malleability of Empathy Predict Effortful Responses When Empathy Is Challenging〉, 《Journal of Personality and Social Psychology》 107(3), 2014, pp. 475 – 493.

17 _ Mark Davis et al., 〈Empathy, Expectations, and Situational Preferences: Personality Influences on the Decision to Participate in Volunteer Helping Behaviors〉, 《Journal of Personality》 67, 1999, pp. 469-503
Jeanne Liedtka, 〈Why Design Thinking Works〉, 《Harvard Business Review》, 2018. 9-10, pp. 72-79.

18 _ Kees Dorst, 《Frame Inovation》, MIT Press, 2015, pp. 73-87.

19 _ MaclarenBabyTV, 〈BBC The One Show - Owen Maclaren & The Collapsible buggy〉, 2015. 9.

20 _ Benedict Hobson, 〈Philippe Starck's Juicy Salif was "the most controversial lemon squeezer of the century"〉, 《dezeen》, 2014. 6. 9.

21 _ Mielene Gonçalves, Carlos Cardoso and Petra Badke-Schaub, 〈What Inspires Designers? Preferences on Inspirational Approaches during Idea Generation〉, 《Design Studies》 35(1), 2014, pp. 29-53.

22 _ Gabriela Goldschmidt and Maria Smolkov, 〈Variances in the Impact of Visual Stimuli on Design Problem Solving Performance〉, 《Design Studies》 27(5), 2006, pp. 549-569.

23 _ Gabriela Goldschmidt and Anat Sever, 〈Inspiring design ideas with texts〉, 《Design Studies》 32(2), 2011, pp. 139-155.

24 _ Janetta McCoy and Gary Evans, 〈The Potential Role of the Physical Environment Infostering Creativity〉, 《Creativity Research Journal》 14(3), 2002, pp. 409-426.

25 _ Vasilije Kokotovich and Terry B. Purcell, 〈Mental Synthesis and Creativity in Design: An Experimental Examination〉, 《Design Studies》 21(5), 2000, pp. 437-449.

26 _ Antti Pirinen, 〈The Barriers and Enablers of Co-design for Services〉, 《International Journal of Design》 10(3), 2016, pp. 27-42.

27 _ Lu Hong and Scott Page, 〈Problem Solving by Heterogeneous Agents〉, 《Journal of Economic Theory》 97(1), 1998, 123-163쪽.

28 _ Roger Bennett and Robert G. Cooper, 〈The Misuse of Marketing: An American Tragedy〉, 《Business Horizons》 24(6), 1981, pp. 51-61.

29 _ 정재희, 〈사용자 참여 아이디에이션에 있어서 디자이너의 퍼실리테이터 역할이 아이디어의 창의성에 미치는 영향〉, 《산업디자인학연구지》 14(2), 2020, 81-92쪽.

30 _ Nathan Crilly, 〈Fixation and Creativity in Concept Development: The Attitudes and Practices of Expert Designers〉, 《Design Studies》 38, 2015, pp. 54-91.

31 _ 애덤 그랜트(홍지수 譯), 《오리지널스》, 한국경제신문, 2016, 297-349쪽.
Hernan Casakin and Gabriela Goldsmidt, 〈Reasoning by Visual Analogy in Design Problem-Solving: The Role of Guidance〉, 《Environment and Planning B Planning and Design》 27(1), 2000, pp. 105-119.

32 _ Vish Krishnan and Karl Ulrich, 〈Product Development Decisions: A Review of the Literature〉, 《Management Science》 47(1), 2001, pp. 1-21.

33 _ Dina El-Zanfaly, 〈Imitation, Iteration and Improvisation: Embodied Interaction in Making and Learning〉, 《Design Studies》 41, 2015, pp. 79-109.

34 _ Fei Yu, Michele Pasinelli and Alexander Brem, 〈Prototyping in Theory and in Practice: A Study of the Similarities and Differences between Engineers and Designers〉, 《Creativity and Innovation Management》 27, 2017, pp. 121-132.

35 _ Jean Liedtka, 〈Why Design Thinking Works〉, 《Harvard Business Review》, 2018. 9-10, pp. 72-79.

36 _ Maria Yang and Daniel Epstein, 〈A Study of Prototypes, Design Activity, and Design Outcome〉, 《Design Studies》 26, 2005, pp. 649-669.

37 _ Jooyoung Jang and Christian Schunn, 〈Physical Design Tools Support and Hinder Innovative Engineering Design〉, 《Journal of Mechanical Design》 134(4), 2012, pp. 1-9.

38 _ 〈How Design Thinking Transformed Airbnb from a Failing Startup to a Billion Dollar Business〉, 《First Round Review》.

39 _ LG CNS 홍보팀, 〈백종원의 골목식당 속의 '디자인 씽킹'〉, LG CNS 공식 블로그, 2018. 6. 29.

북저널리즘 인사이드   기술이
대신할 수 없는 혁신

요즘 '혁신'만큼 진부한 말이 없다. 뼈를 깎는 혁신, 남다른 창의력, 새로운 아이디어. 우리 모두 목말라 있다. 누구나 쉽게 혁신을 말하지만, 누구나 쉽게 할 수 있는 것은 아니다. 모두가 그렇게 믿는다. 번뜩이는 생각은 늘 멀리 있고, 천재들이나 할 수 있다고 생각한다. 하지만 디자인 싱킹은 혁신이 어렵지 않다고 말한다. 누군가에게 진심으로 공감할 수 있다면 말이다.

세계적인 디자이너 패트리샤 무어는 20대에 노인 분장을 하고 3년을 지냈다. 할머니와 살았던 어린 시절을 떠올리며 사회적 약자를 위한 디자인을 하기 위해서다. 그는 도수가 안 맞는 안경을 쓰고, 귀에 솜뭉치를 넣어 잘 들리지 않게 했다. 걷기조차 어려웠던 경험을 디자인에 고스란히 녹여낸 결과물은 우리 모두의 삶을 편리하게 해준 소리 나는 주전자, 계단 없는 저상 버스, 여행용 가방 등이다.

핵심은 공감을 통해 숨겨진 진짜 문제를 발견하고, 정의하는 것이다. 우리는 흔히 문제점을 지레짐작한다. 지금 당장 아프리카에 필요한 것이 뭘까. 열에 여덟은 물 또는 식량이라고 생각할 것이다. 하지만 한 소년은 전기가 들어오지 않는 아프리카의 적막한 밤에 주민들과 함께 영화를 보는 게 꿈이라고 말했다. 폐휴대폰과 태양광 충전 패널을 연결한 햇빛 영화관은 그렇게 탄생했다.

혁신은 새로운 가치를 만드는 일이다. 저자는 사람 중심적인 사고에서 혁신의 지름길을 찾는다. 아이디어는 결국 누군가의 삶에 도움을 줄 수 있어야 한다. 사람들의 삶을 면밀히 들여다보고, 직접 경험하는 것을 강조하는 이유다. 세계적인 디자인 회사 아이데오의 팀 브라운 공동 대표는 "좋은 디자이너는 사물을 관찰하지만, 위대한 디자이너는 사람을 관찰한다"고 말했다.

공감에서 출발해 아이디어를 내고, 끊임없이 테스트하는 과정을 반복하는 디자인 싱킹은 우리 삶 전반에 적용될 수 있다. 디자인 싱킹은 인공지능이 인간을 대체하는 시대에 더욱 빛나는 생각의 기술이다. 인공지능은 공감할 수 없기 때문이다. 사람에 대한 이해를 기반으로 한 혁신은 어떤 알고리즘으로도 대체될 수 없다.

이세영 에디터